Das Marathonprinzip

Das Programm für Konzentration und Kreativität

Das Marathonprinzip

Das Programm für Konzentration und Kreativität

Von Christoph Ewert

humboldt

Beruf

humboldt-Paperback 954

Der Autor:
Dipl.-Oec. Christoph Ewert, Studium der Betriebswirtschaftslehre an der Universität Augsburg. Arbeitete in verschiedenen Führungspositionen multinationaler Konzerne (Unilever-Gruppe, BSN Gervais-Danone). Geschäftsführer der Management-Beratung Ewert & Partner, München, spezialisiert auf Kreativitätsentfaltung sowie Marketing- und Verkaufstraining. Selbst aktiver Marathon-Läufer (u. a. Teilnahme am New York City-Marathon).

Für Traudl und Holm

Hinweise für den Leser:
Alle Angaben wurden von Autor und Verlag sorgfältig geprüft; eine Gewähr kann dennoch nicht übernommen werden.

Umschlaggestaltung: Wolf Brannasky, München
Umschlagfoto: Fotostudio Bornemann, München

Druck: Ebner, Ulm
Printed in Germany
ISBN 3-581-66954-4
123*969594

Inhalt

Vorwort

Der Begriff Marathon geht auf die Legende des Läufers von Marathon zurück, welcher 490 v. Chr. nach der Schlacht zwischen Persern und Athenern die etwa 40 Kilometer lange Strecke (exakt 42,195 Kilometer) vom Ort Marathon nach Athen im Laufschritt zurücklegte, um zu verkünden: »Freut Euch, wir haben gesiegt.« Kaum war die großartige Nachricht ausgesprochen, soll der Mann auf dem Marktplatz tot zusammengebrochen sein!

Diese Legende vom Lauf von Marathon nach Athen wurde später aufgegriffen und als Vorschlag bei den ersten olympischen Sommerspielen 1896 in Athen verwirklicht.

Das Wort Marathon sorgt bei jedem Menschen für unterschiedliche Assoziationen. Einige verbinden mit der Idee Marathon positive Gedanken wie Ausdauer, Faszination, Durchhaltevermögen, Erfolg.

Andere setzen Marathon mit Qual, Wahnsinn, Selbstverstümmelung und derartigem gleich.

Ich hoffe sehr, daß es mit diesem Buch gelingt, die Idee des Mental- und vielleicht auch des Sportmarathons so zu vermitteln, daß viele Leser mit zunehmender Freude und Begeisterung an ihrer Ausdauer »arbeiten« und so ihre mentalen und körperlichen Fähigkeiten steigern!

Sowohl der Marathonlauf als auch die Entfaltung kreativer Fähigkeiten erleben in dieser Zeit einen ungeahnten Boom. Tausende von Teilnehmern bei den vielen Städtemarathons belegen dies genauso wie die immer nachhaltiger aufgestellte Forderung der Unternehmen an ihre Mitarbeiter, daß eine ausgeprägte kreative Problemlösungskompetenz zwingend erforderlich für beruflichen Aufstieg ist.

Das Leben nach dem »Marathonprinzip« führt meiner Überzeugung nach zu mehr Freude und Erfolg bei der Arbeit und im Privatleben.

Viel Spaß und Erfolg beim Durcharbeiten des »Marathonprinzips«!

Christoph Ewert

Einleitung

Flug LH 900 von München nach Hamburg. In der bis auf den letzten Platz belegten Maschine sitzen überwiegend jüngere Männer in grauen Anzügen. Manager auf dem Weg zur Arbeit!

Es ist 6.30 Uhr morgens – der »Rote-Augen-Flieger«.

Nachdem von den freundlichen Stewardessen der Kaffee serviert ist und die Verpflegungstüte auf Eßbares hin geplündert wurde, machen die Manager einen schon sehr frischen Eindruck voller Tatendrang – der Tag kann beginnen.

Mit Schwung wird die »Süddeutsche Zeitung« aufgeklappt, um das Aktuelle aus Politik und Wirtschaft aufzunehmen.

Schnell werden die Artikel gelesen, Tatsachen von Kommentaren unterschieden und Sportergebnisse zur Kenntnis genommen. Seite für Seite wird zügig durchgearbeitet. Nach 20 Minuten ist es bereits geschafft, am besten noch schnell in der FAZ geblättert und ein kurzer Blick in den Stern. Das nennt man Effizienz und Arbeitstempo!

8.00 Uhr – Anschnallen zur Landung; die erste Stunde konzentrierten Denkens hat man bereits hinter sich gebracht – denkste! Der Tag hat für viele der Flieger damit begonnen, daß sie mindestens 50 Prozent ihrer Zeit vergeudet haben. Masse bedeutet bekanntermaßen eben nicht Klasse – vieles wird so überlesen, falsch verstanden, und wichtige Details werden schlicht nicht wahrgenommen. Sie sind in Wirklichkeit einen Umweg geflogen und haben, wenn man es so sehen möchte, 30 Minuten verloren! Aufgrund dieser Denkweise braucht der Mensch eben zusätzlich noch Tagesschau, Bericht aus Bonn und Tagesthemen, damit er abends weiß, was sich in der Welt ereignet hat.

Demgegenüber waren vermutlich einige wenige unter den Mitreisenden effizienter; sie haben die Zeit genutzt und ihren zu dieser frühen Stunde prallvollen Konzentrationstank optimal eingesetzt. Diese Personen haben zwar gerade mal die »Süddeutsche« zu Ende geblättert, konnten aber im Gegensatz zu den Mitreisenden das Gelesene wirklich verarbeiten, verstehen und abspeichern – sie waren eben ihre eigenen Piloten und haben die Route selbst bestimmt!

Szenenwechsel! In der Kfz-Reparaturwerkstatt wird fleißig gearbeitet. Ich komme direkt vom Büro, um meinen Wagen von der Inspektion abzuholen. Der Meister, ein Freund von mir, sieht mich und ruft mir das wie immer provozierend gemeinte »Na, Schlipsträger, heute schön gearbeitet ...!« zu und offeriert mir umgehend ein ungewöhnliches Abendessen!

Einer seiner Kunden, ein Fischhändler, habe seine Rechnung aufgrund finanzieller Unpäßlichkeit mit frischen Scampis direkt aus Frankreich beglichen. Und diese beabsichtige er nun, hier und unverzüglich, zuzubereiten!

Ich begann sofort, sehr angetan von diesem Vorschlag, zu kombinieren: Da die Werkstatt weder über eine Küche verfüge, noch irgendwelche Zutaten oder Töpfe und Pfannen zu dieser Stunde erhältlich seien, gebe es nur einen Ausweg; entweder wir essen die Tiere roh, oder die gesamte Mannschaft packt zusammen, fährt nach Hause und bereitet dort das Mahl! Beide Vorschläge waren nicht sehr praktikabel beziehungsweise durchführbar – also lassen wir es eben. Mein Bekannter kann die Scampis einfrieren, und wir vergessen die Idee!

Der Meister darauf: »Gut, fangen wir an!«

Er füllte einen Eimer mit Brennbarem (herumliegender Papierkram und zerbrochene Bleistifte zum Anheizen, einen ausrangierten Bilderrahmen als Holzkohle) und schnappte sich eine alte VW-Käfer-Radkappe – fertig war der Grill! In erhitztem Leitungswassersud wurden die Scampis dann geröstet.

Niemals wieder habe ich Garnelen in solch außergewöhnlichem Ambiente genossen!

Ein schönes Beispiel, daß gute Ideen eben nicht durch Logik oder Wissen geboren werden, sondern die kreative Vision das Fundament für den Lösungsweg legt! Man ertappt sich nur immer wieder bei dem Versuch, den Weg zur Lösung rational und logisch zu gehen.

Zwei Kostproben, die zeigen, daß Konzentration als Grundlage für effizientes und zeitsparendes Denken einerseits und Kreativität für innovatives Lösungs-Findungs-Denken andererseits 2 wesentliche Voraussetzungen für Erfolg im Berufs- und Privatleben sind! Die Steigerung von Konzentration und Kreativität wird zentraler Bestandteil des vorliegenden Buches sein!

Um diese beiden Fähigkeiten nun zu beherrschen, reicht es aber nicht aus, gewisse Regeln und Gesetzmäßigkeiten zu kennen und diese kurzerhand umzusetzen!

In Analogie zu allen Sportarten gehört eben eine Menge Training dazu, um das als richtig Verstandene auch in der Praxis umsetzen zu können. Dies ist auch gut so, denn was würden Ihnen Ihr gutes Tennisspiel oder perfekte Sprachkenntnisse noch an Erfolgsgefühl geben, wenn das jeder in kurzer Zeit schaffen könnte?

Aber warum muß Konzentration und Kreativität nun gerade mit einem Marathonlauf über 42 Kilometer in Verbindung gebracht werden?

Ganz einfach, weil der Marathonlauf der Inbegriff einer Sportart ist, die ohne umfangreiches Vorbereitungsprogramm nicht gemeistert werden kann! Und dieses Training muß langfristig und konstant aufgebaut sein – dann ist der Erfolg aber auch garantiert.

Und um nichts anderes geht es, wenn Sie Ihre Konzentrationsfähigkeit und Kreativität wirklich steigern möchten – dann ist der Erfolg aber auch garantiert!

Denn das Gehirn ist genauso trainierbar wie unser Körper. Wichtig für den Erfolg ist natürlich auch der Aufbau des Trainingsprogramms (ähnlich wie im Sport); der vorliegende Trainingsplan berücksichtigt umfangreiche Erkenntnisse und Erfahrungen aus dem Bereich des Sports und wird Ihnen helfen, das Pensum mit Freude und aktiv erlebbaren Fortschritten zu bewältigen.

Und wir werden ja sehen: Womöglich werden Sie nach erfolgreich abgeschlossenem Konzentrations- und Kreativitätsmarathon auch die rein sportliche Herausforderung angehen!

Die Bewertung der persönlichen Denkleistung

Jeder möchte gerne wissen, wie hoch der eigene Intelligenzquotient ist und was dieser Wert in Relation zur Gesamtheit bedeutet! Gehöre ich zur Elite der 25-Prozent-Besten, oder reicht es nur zum Mittelmaß?

So interessant und spannend dieser Vergleich von Durchschnittswerten auch sein mag, so ist dieses Ranking für die Ermittlung von Konzentrationsfähigkeit und Kreativität völlig ungeeignet.

Hier haben wir wohl ausnahmsweise keine Übertragbarkeit der Gesetze des Sports auf unser Denkvermögen. Im Sport sind Leistungen meist bis auf tausendstel Sekunden oder Millimeter genau meßbar. Das ist richtig! Aber bedenken Sie: Ist deshalb der Weitspringer Bob Beamon mit einer Weite von 8,90 Meter über 2 Jahrzehnte lang wirklich der beste Springer gewesen? War der 1. FC Kaiserslautern tatsächlich das beste Fußballteam 1990/91 – wie wäre die Antwort ausgefallen, hätte die Saison noch 2 Monate länger gedauert?

Im Sport gibt es also Regeln, nach denen der Sieger ermittelt wird (Bester nach 90 Minuten, Sieger bei diesem Wettkampf, Erster nach dem vierten Durchgang, der 47. Runde usw.).

Und genauso verfährt man bei der Bewertung des Denkvermögens; es werden willkürlich Regeln ausgeklügelt, nach denen jedermann in seiner Intelligenz beurteilt und so eine fiktive Rangliste aufgestellt werden kann. Wir alle kennen die Folgen, zum Beispiel bei der Bewerberauswahl oder der Einschätzung wirtschaftlicher Entwicklungen unserer besten Fachleute – jeder kommt zu einer anderen Empfehlung.

Sie sehen, in Wirklichkeit kein Unterschied zwischen Sport und Denken – bis auf die Tatsache, daß im Sport der Sieger nach Regeln sehr viel mehr Anerkennung erhält als der Manager im Berufsleben. Dort sind die Anforderungen eben viel zu komplex und nicht immer durchschaubar – durchsetzen wird sich meist derjenige, der ausgerechnet die Regeln neu interpretiert und definiert!

Wenn Sie jetzt die folgenden Fragen und Aufgaben angehen, bedenken Sie, daß es sich nicht um einen Wettkampf handelt mit Siegern und Verlierern, sondern um die Ermittlung Ihres individuellen Trainingszustandes als Ausgangspunkt zur Leistungssteigerung!

Außerdem sollten Sie bei der Einschätzung dieser Fähigkeiten mehr auf die eigene Person achten, als sich mit Fertigkeiten der anderen aufzuhalten. Es ist besser, sich selbst als Meßlatte zu sehen und zu versuchen, diese zu überspringen. Ziel ist es dann, beim nächsten Mal die Anforderungen zu steigern.

Haben Sie eine gute Konzentrationsfähigkeit?

Was bedeutet eigentlich Konzentration? In Vorgriff auf unsere Trainingsinhalte sollten wir ab sofort damit beginnen, alles, was wir denken, auch wirklich zu verstehen beziehungsweise eine deutliche Vorstellung von dem Gedachten zu haben!

Was heißt nun Konzentration: das Sammeln aller Gedanken, etwas zusammenballen, alle Kräfte zusammenziehen, höchste Aufmerksamkeit auf etwas richten, die Gedanken zielgerichtet bündeln.

Am besten, man stellt sich lebhaft, beispielhaft vor, was das nun bedeutet: Wenn Sie zum Beispiel einen Jäger sehen, der hinter einem Hasen herjagt, und Sie versetzen sich in die Lage des Gejagten – der arme Hase wird in diesem Moment keine Kälte oder Wärme mehr empfinden noch Gedanken an Hunger verschwenden! Er wird auch nicht den Schmerz des Streifschusses wahrnehmen und an die Pflege seines Felles denken. In diesem Moment richten sich seine Gedanken nur auf das eine: Wie kann die Flucht gelingen?

Oder eine etwas menschlichere Vorstellung: Denken Sie doch einmal an den Moment großer Verliebtheit – Sie treten der oder dem Angebeteten erstmals vor Augen. Zielgerichtet saugen Sie regelrecht alles auf, was mit dieser Person zu tun hat. Alles andere um Sie herum verschwindet im Nichts. Wenn Sie das nicht nachvollziehen können, waren Sie noch nie unsterblich verliebt – das hat dann nichts mehr mit Konzentrationsschwäche zu tun!

Der Konzentrationscheck

Versuchen Sie, mit Hilfe der 10 Fragen einen Anhaltspunkt zu bekommen, auf welchem Niveau Ihre Konzentrationsfähigkeit steht.

Lesen Sie alle Fragen durch und beantworten Sie sie ehrlich und selbstkritisch! Es geht um Ihren persönlichen Trainingszustand, nicht um ein Wettkampfergebnis.

Kreuzen Sie die Antwort an, die am ehesten auf Sie zutrifft.

1. Was machen Sie, wenn bei Ihnen zu Abend gegessen wird?
- a) Ich esse. ☐
- b) Ich esse und unterhalte mich zum Beispiel mit meinem Partner. ☐
- c) Ich esse und sehe im Fernsehen zum Beispiel die Nachrichten. ☐
- d) Ich esse, der Fernseher läuft, die Zeitung wird gelesen und die Post erledigt oder ähnliches. ☐

2. Wie lautet der Name der Person, die Sie zuletzt kennengelernt haben?
- a) Ich erinnere mich an den Namen nicht mehr. ☐
- b) Der Name ist: ____________________ ☐

3. Nennen Sie mindestens 3 Themen von Seite eins der heutigen Tageszeitung und erklären Sie die darin enthaltenen Neuigkeiten:
- a) Bis eine Nachricht wiedergegeben. ☐
- b) An 2 Nachrichten erinnert. ☐
- c) Alle 3 Nachrichten auch inhaltlich rekapituliert. ☐
- d) Heute noch keine Tageszeitung gelesen. (Nicht ankreuzen, gibt Punkteabzug! Was stand gestern auf Seite eins?) ☐

4. Denken Sie genau eine Minute lang ausschließlich an einen Autoreifen! Wenn Ihnen (zusätzlich) andere Gedanken in den Sinn kommen, brechen Sie ab und denken wieder einzig an den Autoreifen.

a) Geschafft, kein Problem. ☐
b) Wenige Male vom Gedanken abgekommen; sonst hat es problemlos geklappt. ☐
c) Ständig bin ich auf andere Gedanken gekommen. ☐
d) Diese Aufgabe ist mir zu banal, ich lehne die Übung ab. ☐

5. Sie haben genau eine Minute Zeit!
Rechnen Sie die Quadrate der Zahlen von 1 bis 10 und addieren diese jeweils mit dem nächsten Quadrat. Also:
1 x 1 = 1; 2 x 2 = 4 → Summe 5; 3 x 3 = 9 → Summe 14 usw.
(Hilfsmittel wie Bleistift und Papier verboten – Kopfarbeit!)
a) Bis 3 hat es gereicht! ☐
b) Bis 7 habe ich es geschafft. ☐
c) Alle 10 Zahlen sind multipliziert! Summe: ☐

6. Wo und was haben Sie gestern zu Mittag gegessen?
Bitte genaue Auflistung! Hat es geschmeckt?
a) Keine Erinnerung. ☐
b) So ungefähr kann ich mich entsinnen. ☐
c) Ich schmecke jetzt noch jeden Bissen dieser Mahlzeit. ☐

7. Wie oft werden Sie vom Telefon oder anderen Störgeräuschen (wie Kollegen, Lärm, Klimaanlage etc.) während Ihrer eigentlichen Arbeit abgelenkt?
a) Leider doch relativ häufig. ☐
b) Hin und wieder, es kommt auf den individuellen Arbeitstag an. ☐
c) Selten! Wenn ich Ruhe brauche, dann kann ich sie mir auch schaffen. ☐

8. Kommt es bei Ihnen tagsüber vor, daß Sie darüber nachdenken, was nach Feierabend noch geschehen wird (unternehmen wir etwas, was kommt im TV, Tante Hedi anrufen usw.)?
a) Nein! Das weiß ich bereits morgens, oder ich entscheide mich abends spontan. ☐
b) Manchmal. Dann verplane ich den Abend und denke nicht weiter darüber nach. ☐
c) Mir kommen öfter am Tag Gedanken, was ich, wann, mit wem, wo oder wie nach Feierabend machen werde. ☐

9. Ist es Ihnen schon einmal passiert, daß Sie mitten in einer Unterhaltung merkten, Ihrem Gesprächspartner gar nicht richtig zuzuhören?

a) Nein! Wenn ich mich mit jemandem unterhalte, dann mit beiden Ohren und ganz bei der Sache. ☐

b) Ja, das kann vorkommen. Besonders wenn mich der Gesprächspartner weniger interessiert oder für mich keine große Bedeutung hat. ☐

c) Leider passiert mir das immer wieder – auch wenn ich es versuche zu vermeiden. ☐

d) Wie war die Frage eben wieder … ☐

10. Wie war Ihre erste große Liebe gekleidet, als Sie sie zum ersten Mal geküßt haben; wann und wo war das genau?

a) Lassen Sie mich überlegen – mmmhhh. ☐

b) So ungefähr kann ich mich entsinnen. ☐

c) Ich sehe die Szene noch so klar vor mir, als wenn es gestern passiert wäre! ☐

Auflösung Konzentrationscheck

Frage	Antwort				Ergebnis
	a)	b)	c)	d)	
1	12	9	4	0	
2	0	5	–	–	
3	0	5	10	–	
4	12	8	4	0	
5	0	4	7	–	
6	0	2	7	–	
7	2	3	10	–	
8	7	7	3	–	
9	10	3	5	0	
10	0	2	10	–	
Gesamtsumme					

0 – 40 Punkte:
Sie haben mit Sicherheit große Probleme, sich auf Ihre Arbeit zu konzentrieren! Ihre Gedanken sind häufig nicht da, wo sie eigentlich sein sollten, und Sie werden ständig aus Ihren Gedanken gerissen. Mit diesem Buch haben Sie den ersten Schritt getan, einen persönlichen Schwachpunkt zu bekämpfen. Arbeiten Sie den Trainingsplan intensiv durch – Sie werden am Ende ein großes Erfolgserlebnis haben!

41 – 69 Punkte:
O. K.

70 – 90 Punkte:
Sie können sich gut konzentrieren! Arbeiten Sie weiter an dieser Fähigkeit – damit haben Sie einen echten Wettbewerbsvorsprung gegenüber vielen anderen.

Kreativität, Logik, Intelligenz

Was hat Kreativität mit Intelligenz zu tun? Im Sinne des Intelligenzquotienten ziemlich wenig! Ist gute Konzentration noch relativ klar abgrenzbar und greifbar, so läßt sich der kreative Prozeß nur schwer in ein Schema drängen. Kreativität kann am einfachsten im nachhinein beurteilt werden, dann nämlich, wenn die Folgen zum Beispiel einer kreativen Idee auch logisch nachvollziehbar sind. Dann ist es mit der Kreativität aber auch schon vorbei – mit Logik steht die Kreativität nun einmal auf Kriegsfuß (was wir noch beweisen werden)!

Der Begriff Kreativität hat seinen Ursprung im Lateinischen. »Creare« bedeutet zeugen, erschaffen, hervorbringen. Kreativität ist also die Fähigkeit, neue Ideen hervorzubringen, die so noch nie gedacht wurden. Und das erstmalige Erschaffen von etwas Neuem kann ex definitione logisch nicht nach bestehenden Gesetzmäßigkeiten erklärt werden – mit der Innovation werden eben erst einmal neue Regeln aufgestellt. Gott hat uns so erschaffen, wie wir sind (wenn er es denn auch war!) – er hätte uns allerdings auch völlig anders gestalten können! Warum haben wir nicht 2 Nasen, blaue Hautfarbe und ein Reservekniegelenk in der Schulter?

Die Idee der Übermittlung von Sprache über einen Draht hatte als erster Alexander Graham Bell, der 1875 das Telefon erfand. Er schuf durch seine kreative Lösung völlig neue Regeln, damit die Idee auch funktionierte. Heute eine logisch einleuchtende Erfindung! Noch wenige Jahre vor seiner Erfindung hingegen hörte man Kommentare von kompetenten Zeitgenossen wie: »Gutinformierte Leute wissen, daß es nicht möglich ist, die menschliche Stimme über Draht weiterzuleiten.« Kein Wunder – die neuen Regeln waren damals noch nicht bekannt!

Ebenen der Kreativität

Kreative Ideen sind nun aber nicht immer bahnbrechende Jahrhunderterfindungen. Das ganze Leben besteht aus immer wieder neuen Ideen, die täglich produziert, erdacht werden.

In Anlehnung an Professor Dr. Heinz Hoffmann von der Sarasota-Universität in Florida möchte ich kreative Ideen in 5 Gruppen unterteilen und so aufzeigen, daß Kreativität in vielfältiger Ausprägung möglich ist und sich nicht darauf beschränkt, das Rad neu zu erfinden. Die 5 Ebenen der Kreativität sind:

Ausdruckskreativität

Damit ist die rein spielerische Kreativität gemeint, das spontane Erschaffen von Neuem! Beispielhaft kann hier die intuitive Zeichnung eines Kindes genannt werden. Im wirtschaftlichen Sinne nimmt die Ausdruckskreativität in Form von Design, Packungsgestaltung, Werbung und Formgebung eine eminent wichtige Stellung als Wettbewerbsfaktor ein. Denken Sie zum Beispiel an den Beitrag des Designs für den Markterfolg bei Produkten wie der Swatch-Uhr!

Produktive Kreativität

Darunter ist der Vorgang zu verstehen, daß bereits existierende Lösungen weiterverbessert werden. Dies ist das alltägliche Bestreben nach ständiger Weiterentwicklung und Optimierung von Produkten, Dienstleistungen und Verfahren. Die Weiterentwicklung der Uhr bis zur wasserdichten Uhr bezeichne ich als produktiv kreativ. Bei der Entwicklung der Swatch-Uhr kann die produktive Idee darin gesehen werden, daß erstmals eine Uhr aus nur circa 10 Bauteilen zusammengesetzt werden konnte, während bei einer herkömmlichen noch circa 100 Teile gebraucht wurden!

Erfinderische Kreativität

Erfinderisch wird der Prozeß, wenn 2 aus unterschiedlichen Bereichen bekannte Lösungen zu einer neuen, dritten Lösung zusammengefügt werden. Es wird eine Art Verwandschaft untereinander erkannt! Die Kombination einer Uhr mit der Funktionsweise des Motors führt zur Idee der Automatikuhr und später wieder zurück zum Automatikgetriebe beim Auto. Die erfinderische Komponente bei der Swatch war die schlichte Kombination von Zeitanzeiger und modischem Accessoire, was ihren riesigen Erfolg mitbegründete. Heute ist die Idee durchschaubar, sie ist so banal, daß jeder darauf hätte kommen können! Warum es dennoch so unglaublich schwer ist, solche Ideen zu verwirklichen, darauf kommen wir später!

Innovative Kreativität

Damit bezeichne ich Lösungen, wo bestehende Technologien verbessert werden, jedoch erst, nachdem fundamentale Prinzipien verstanden worden sind! Erst als die Nutzung der Sonnenenergie möglich war, konnte die solarbetriebene Uhr entwickelt werden. Die Ausbeutung der Swatch-Idee, Zeit = Mode, wurde erst dann vollkommen umgesetzt, als die Marketiers das Prinzip erkannt hatten, daß Swatch = Mode bedeutet. Das heißt, die Zeitangabe, der ursprüngliche Produktnutzen verlor immer mehr an Bedeutung zugunsten von Sammlerleidenschaft, Kleidungsstück (Pop-Swatch), Ausdruck eines Lebensgefühls und Kunstobjekt.

Emergentive Kreativität

Diese höchste Form der Kreativität bedeutet, auf der Basis der eigenen Erfahrungsstruktur etwas völlig Neues zu erschaffen. Dafür steht der Begriff emergentiv (lateinisch: »emergere«), das aus dem Nichts Auftauchende. Hierunter fallen solch grandiose kreative Einfälle wie die Einstein'sche Relativitätstheorie! Bezogen auf unsere Beispiele wäre das die Erfindung der Mental-Uhr, bei der ich die Zeit beim bloßen Gedanken daran direkt von meinem geistigen Auge ablesen kann! Oder Swatch erklärt sich zum offiziellen Zahlungsmittel (wobei wir wieder bei der Ausdruckskreativität gelandet sind).

Was diese Auflistung verdeutlichen soll, ist die Tatsache, daß die überwiegende Zahl von kreativen Ideen im Bereich der Ausdrucks-, Produktiv- und Erfinderkategorien entwickelt werden. Auch diese kreativen Einfälle können umwälzende Fortschritte bringen, ohne daß sie deshalb als Meilenstein in die Geschichte eingehen!

Kreativität ist demnach als ständige Herausforderung anzusehen und kann als die wahrscheinlich entscheidende Fähigkeit für Erfolg im Berufs- und Privatleben betrachtet werden. Machen wir uns also auf den Weg!

Der Kreativitätscheck

Ähnlich wie bei den Fragen zur Konzentration versuchen wir nun, unser Kreativpotential zu erfassen. Auch Kreativität ist überwiegend eine Frage des Trainings, wobei wir uns im Laufe dieses Buchs eine Reihe von Techniken erarbeiten und aneignen werden, die uns helfen, mehr schöpferisch zu denken! Schon Einstein hat gesagt, daß Phantasie wichtiger ist als Wissen. Er meinte damit, Wissen sei selbstverständlich eine bedeutende und zwingende Voraussetzung zur Problemlösung (im wirtschaftlichen Sinne); diese Fachkenntnisse seien allerdings Allgemeingut und von jedem halbwegs aufgeweckten Menschen erlernbar! Was den Unterschied in der Lösungsqualität ausmacht, ist die Fähigkeit, phantasievoll zu denken, sich losgelöst von Gesetzen und Regeln ein fiktives Ziel möglichst plastisch vorzustellen.

Wenn Sie nun die Fragen beantworten, versuchen Sie doch schon einmal Ihre Logik etwas zur Seite zu schieben und denken Sie phantasievoll – Kinder zeigen uns immer wieder auf beeindruckende Weise, wie das funktioniert. Das können Sie übrigens sehr leicht ausprobieren: Kritzeln Sie doch einmal ein Bild, im Stil ungefähr so, wie es ein Kleinkind macht. Dann zeigen Sie Ihr Werk einem Kind, und Sie werden erstaunt sein, was man da alles hineininterpretieren kann!

1. Sie haben genau eine Minute Zeit. Zählen Sie möglichst viele in der Realität nicht existierende Autovarianten auf (zum Beispiel fliegendes Auto, zusammenklappbares Modell ...).
a) Bis 5 Ideen aufgezählt.
b) 6 bis 10 neue Modelle.
c) Mehr als 10 neue Kfz-Varianten gefunden.

2. Überprüfen Sie Ihre Ideen noch einmal. Wie viele davon kennen Sie aus Film und TV, als Kinderspielzeug, als Zukunftsstudie der Kfz-Industrie usw.?
a) Weniger als die Hälfte meiner Ideen.
b) Mehr als die Hälfte der Ideen.

3. Beenden Sie in 2 Minuten den angefangenen Witz mit 3 unterschiedlichen Pointen: »Was ist der Unterschied zwischen einem Österreicher und einem Teelöffel?«
a) Geschafft! Noch eine Pointe gefällig?
b) Mehr als 2 Pointen gibt der Witz nicht her.
c) Mir fallen nur Gemeinsamkeiten ein!
d) Fehlanzeige! Das ist alles nicht lustig.

4. Haben Sie eine Vorstellung davon, wie die Welt im Jahre 2000 aussehen wird?
a) Wahrscheinlich nicht viel anders als heute auch.
b) Nein! Keine Ahnung.
c) Ja, wenn man die Zukunftsvisionen in Filmen zum Beispiel betrachtet, dann kann man sich die Welt im Jahre 2000 ungefähr vorstellen.
d) Ja, ich habe ein ziemlich klares Bild von der Welt im nächsten Jahrtausend.

5. Lösen Sie folgende Aufgabe in 30 Sekunden: Sie dürfen nur eine Münze umlegen, dann liegen sowohl in der Horizontalen als auch in der Vertikalen gleich viele Münzen!

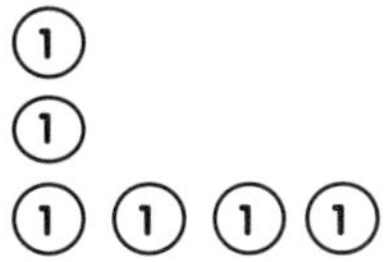

a) Geschafft.
b) Nicht geschafft.

6. Wenn Sie Raucher sind, nennen Sie mindestens 10 Argumente, die gegen das Rauchen sprechen. Nichtraucher nennen Argumente für das Rauchen. Zeit: 2 Minuten.

a) Es gibt maximal 3 Argumente pro/contra Rauchen! ☐
b) 4 bis 7 Argumente sind mir eingefallen. ☐
c) 10 oder mehr Argumente gefunden. ☐

7. Haben Sie bei der Suche nach Problemlösungen schon frustrierende Rückschläge erlebt?
a) Nein! Ich finde fast immer recht schnell eine gute Lösung des Problems. ☐
b) Selten, aber es kommt hin und wieder vor. ☐
c) Leider ja! Bei mir ist es oftmals eine schwierige, langwierige Angelegenheit, bis zu dem Problem eine wirklich gute Lösung gefunden ist. Dabei kommt es immer wieder zu teilweise ärgerlichen Rückschlägen. ☐

8. Wieviel lesen Sie durchschnittlich im Monat (neben der für Ihren Beruf notwendigen Literatur)?
a) Die Tageszeitung und hin und wieder Zeitschriften. ☐
b) Zusätzlich circa ein Buch oder mehr. ☐
c) Aus Zeitmangel versuche ich wenigstens meiner Familie deren Wünsche von den Augen abzulesen und diese möglichst zu erfüllen. ☐
d) Lesen interessiert mich nicht! ☐

9. Sind in Ihrem engeren Freundeskreis einige deutlich ältere und/oder jüngere Personen im Vergleich zu Ihnen selbst (mindestens 10 Jahre Unterschied)?
a) Nein, wir sind alle ungefähr eine Generation. ☐
b) Ja, dies trifft zu. ☐
c) Ich habe keine Freunde! ☐

10. Folgende Aufgabe: Eine Tageszeitung liegt auf dem Boden! 2 Personen stehen auf der Zeitung und dürfen diese nicht verlassen! Wie ermöglicht man es, daß sich beide Personen nicht berühren können? Zeit: 3 Minuten.
a) Das ist unmöglich – nicht zu schaffen! ☐
b) Ich habe die Lösung gefunden. ☐
c) Ich habe es 3 Minuten lang versucht, aber bis auf einige wieder verworfene Lösungsansätze bin ich nicht zum Ziel gekommen. ☐

Auflösung Kreativitätscheck

Frage	Antwort				Ergebnis
	a)	b)	c)	d)	
1	3	6	10	–	
2	10	0	–	–	
3	10	5	0	0	
4	2	0	5	13	
5*	5	0	–	–	
6	0	4	10	–	
7	2	5	10	–	
8	5	10	3	0	
9	3	12	0	–	
10	0	10	7	–	
Gesamtsumme					

* Auflösung in Trainingseinheit 17

0 – 50 Punkte:
Ihre Gedanken werden stark von Logik, Argumentation, Analyse, Ratio und Vernunft geleitet! Das ist auch gut so – mit einem Problem müssen Sie allerdings leben: Es wird Ihnen sicherlich schwerfallen, Intuition, Gefühl und Kreativität mit in Ihren Beurteilungsprozeß einzubeziehen! Haben Sie das erkannt und möchten sich ein wenig in diese Richtung weiterentwickeln, dann nichts wie los.

51 – 79 Punkte: O. K.

80 – 100 Punkte:
Sie haben Phantasie und sind vielen Dingen gegenüber sehr aufgeschlossen. Erhalten Sie sich diese Art von »Freidenkertum«. Sie haben Fähigkeiten, die sehr selten sind. Vermutlich werden Sie viel Freude beim Durcharbeiten des Buchs haben und dabei hoffentlich einige Anregungen bekommen, damit Sie Ihren kreativen Kopf noch erfolgreicher einsetzen können!

Sport und mentale Fitneß

»Nur wenn ich im Kopf soweit bin, daß ich es schaffen kann, erst dann bin ich in der Lage, 'rauszugehen und tatsächlich zu siegen!« Solche Aussagen hören wir von vielen Spitzensportlern immer wieder. Der enge Zusammenhang zwischen Sport und Psyche, körperlicher Höchstleistung und mentaler Fitneß, wurde mehrfach in Untersuchungen an Hunderten von aktiven Sportlern nachgewiesen. Jeder, der sich sportlich betätigt, kennt das Auf und Ab der eigenen Leistung, die oftmals aufgrund von Stimmungen, Aggressionen, Gefühlen, beruflichen Umständen, privaten Erlebnissen, Streßsituationen etc. starken Schwankungen unterliegt.

Ein eindrucksvoller Beleg für die Zusammenarbeit von Geist und Körper ist der Marathonlauf. Ich selbst, ein leidlich guter Hobbymarathonläufer, habe bisher bei allen meinen Wettkampfteilnahmen diese erstaunliche Erfahrung gemacht; während ich im Vorbereitungstraining niemals in der Lage gewesen war, die 42 Kilometer in einem 5-Minuten/km-Schnitt zu laufen (mein Trainingsrekord ist 30 Kilometer in einem 5½-Minuten/km-Schnitt), ist es mir im Wettkampf dann doch gelungen! Obwohl die körperliche Herausforderung also eine noch größere war, erzielte ich eine deutliche Leistungssteigerung! An meinem Körper hatte ich nicht manipuliert, nur im Kopf lief eben ein anderes Programm ab. (Ich wurde durch die Wettkampfatmosphäre, die Zuschauer, die Eindrücke und durch das Miteinanderlaufen in der Gruppe »gedopt«.)

Wenn aber nun diese Allianz von Körper und Geist für die sportliche Betätigung gilt, warum nicht auch umgekehrt für die mentale Denkarbeit?

Vieles spricht dafür! Die Mehrzahl erfolgreicher Menschen widmet sich in ihrer meist sehr knapp bemessenen Freizeit der körperlichen Ertüchtigung. Die wenigsten unter ihnen sind übrigens dabei so verrückt und laufen stundenlang in der Nachbarschaft umher! Ob es nun Wintersport, Wandern oder Schwimmen, Gartenarbeit, Tennis, Fußball oder Golfspielen sein soll, sei dahingestellt – wichtig ist ganz einfach die regelmäßige körperliche Betätigung.

Denn wie wir anfangs bereits festgestellt haben: Der Körper ist trainierbar wie unser Gehirn. Unsere größten Erfolge erreichen wir eben erfahrungsgemäß dann, wenn Körper und Geist in Bestform sind. Überprüfen Sie doch einfach Ihre größten Erfolge daraufhin, wie es zu diesen Zeiten um Ihre mentale und körperliche Fitneß bestellt war.

Wer jetzt den Einwand »Absolutely no sports«, diesen berühmten und oft zitierten Ausspruch von Winston Churchill, strapaziert und auf dessen herausragende Leistungen verweist, dem sei entgegnet, daß das Leben eben nicht nach 100-Prozent-Regeln abläuft und außerdem die Ausnahmen eben Regeln bestätigen. Ich möchte es mit dem Rauchen vergleichen: Dessen Schädlichkeit ist medizinisch eindeutig erwiesen, und trotzdem werden Kettenraucher 100 Jahre alt – ohne den Glimmstengel hätte es vielleicht zu 110 Jahren gereicht.

In dem folgenden Trainingsprogramm werden auch einige sportliche Elemente enthalten sein, die helfen sollen, die Synthese von Geist und Körper zu erreichen.

Durch den Sport lassen sich einige wesentliche Fähigkeiten erlernen und verstärken, die auch auf der geistigen Ebene gewinnbringend eingesetzt werden können. So zum Beispiel Durchhaltevermögen, Einsatzwille, Konzentration und Vorstellungskraft.

Der Bodycheck

Die folgenden Fragen zielen nicht darauf ab, Ihre körperliche Fitneß zu ermitteln. Ziel der Übung ist es, zu erfahren, inwieweit körperliche Betätigung helfen kann, die geistige Leistungsfähigkeit zu erhöhen.

Auch bei dieser Aufgabe gibt es keine Gewinner und Verlierer, antworten Sie wieder entsprechend Ihrem tatsächlichen Verhalten im ganz normalen Alltag!

1. Zu welcher Uhrzeit stehen Sie am Sonntag normalerweise morgens auf?

a) Spätestens um 7.00 Uhr. ☐
b) Nicht vor 8.00 Uhr. ☐
c) So zwischen 9.00 und 11.00 Uhr. ☐
d) Wenn ich aufwache oder Hunger habe. ☐

2. Wie oft treiben Sie Sport in der Woche (egal, ob Aerobic, Spazierengehen, Tennis ...)?
a) Überhaupt nicht. ☐
b) Ein- bis zweimal. ☐
c) Öfter. ☐
d) Mehrmals täglich. ☐

3. Ärgern Sie sich, wenn Sie bei einem sportlichen Wettkampf oder einer Auseinandersetzung verlieren beziehungsweise nicht den ersten Platz erreichen?
a) Ja (zumindest insgeheim), denn wenn ich schon spiele, dann möchte ich auch gewinnen. ☐
b) Nein! Für mich ist Sport reiner Spaß an der Freude, kein Wettkampf. ☐
c) Ich verliere nicht! ☐

4. Sehen Sie sich gerne Sportübertragungen im Fernsehen an, und/oder besuchen Sie gerne Sportereignisse?
a) Nein, kein Interesse und/oder keine Zeit dafür. ☐
b) Ja, hin und wieder sehe ich besondere Übertragungen wie Endspiele, Weltmeisterschaften usw. ☐
c) Ich habe keinen Fernseher! ☐
d) Ja natürlich, sehr häufig. Mich interessieren viele Sportarten; gute Spiele/Wettkämpfe sehe ich immer gerne. ☐

5. Jonglieren Sie dieses Buch in geschlossenem Zustand eine Minute lang auf Ihrem Kopf (ohne Zuhilfenahme Ihrer Hände), sprechen dabei laut und deutlich das Vaterunser und gehen währenddessen im Zimmer auf und ab!
a) Geschafft! ☐
b) Ich mußte das Buch ein- oder mehrmals mit den Händen korrigieren oder gar vom Boden aufheben und von neuem beginnen. ☐
c) Das Buch ist doch etwas zu schwer und kantig – wegen zu großer Verletzungsgefahr lasse ich diese Übung lieber aus. ☐
d) No sports! ☐

6. Schreiben Sie 2 Minuten lang alle Personen auf, von denen Sie wissen, daß sie beruflich erfolgreich sind und Sport treiben. Dann 2 Minuten umgekehrt: alle Erfolgreichen, die keinen Sport ausüben. (Denken Sie an Arbeitskollegen, Freunde, Prominente, Politiker usw.)

a) Na, zu welchem Ergebnis kommen Sie? ☐

7. Sie haben 5 Versuche! Werfen Sie aus mindestens 2,50 Meter Entfernung zerknülltes Papier in den Papierkorb!

a) Leider kein Treffer. ☐
b) 1 bis 3 Treffer. ☐
c) 4 Treffer. ☐
d) 5 Treffer. ☐

8. Wie viele Sportarten haben Sie selbst schon mindestens einmal ausprobiert? Zählen Sie einmal nach – 2 Minuten Zeit!

a) Keine einzige. ☐
b) Weniger als 5 Sportarten aufgezählt. ☐
c) Zwischen 6 und 15 Sportarten. ☐
d) Mehr. ☐

9. Wie viele dieser Sportarten üben Sie heute noch aus (mindestens fünfmal im Jahr)?

a) Keine einzige. ☐
b) Eine oder mehrere dieser Sportarten betreibe ich regelmäßig. ☐
c) Ich betreibe im wesentlichen eine einzige Sportart, diese aber sehr häufig und wettkampfmäßig. ☐

10. Wieviel Kilogramm bringen Sie auf die Waage (Idealgewicht: Körpergröße minus 100 und davon noch 10 Prozent abgezogen)?

a) Ich erreiche mein Idealgewicht (+/– 10 Prozent). ☐
b) Ich liege deutlich darüber/darunter (+/– 30 Prozent). ☐
c) Bei mir liegt die Abweichung bei circa +/– 20 Prozent. ☐

Auflösung Bodycheck

Frage	Antwort				Ergebnis
	a)	b)	c)	d)	
1	10	10	10	10	
2	0	9	10	5	
3	10	5	0	–	
4	10	9	10	5	
5	10	4	0	1	
6	–	–	–	–	
7	0	5	7	10	
8	0	2	8	10	
9	0	10	10	–	
10	10	3	6	–	
Gesamtsumme					

0 – 45 Punkte:
Sie sind sicher keine Sportskanone – zumindest nicht als Aktiver! Das ist auch in Ordnung so! Sie gehören sicher zur Ausnahme von der Regel (unsportlich und erfolgreich)?!

50 – 75 Punkte:
O. K.

76 – 90 Punkte:
Sportlich scheinen Sie topfit zu sein. Dann sollten auch 10-Stunden-Arbeitstage für Sie keine große physische Anstrengung darstellen. Diese körperliche Fitneß wird Ihnen helfen, den Trainingsplan durchzustehen und die Techniken in der Praxis intensiv umzusetzen.

Trainingsziele und Zeitplan

Nachdem Sie die 3 Prechecks durchlaufen haben und nun vermutlich beabsichtigen, Ihre Konzentration, Kreativität und womöglich auch Ihre sportliche Leistungsfähigkeit zu verbessern, wollen wir uns zu Beginn noch einmal klarmachen, was eigentlich die konkreten Ziele des Trainings sind!

Sie möchten Ihre Konzentrationsfähigkeit und Kreativität steigern; das bedeutet allerdings nicht, das vorliegende Buch zu lesen und zustimmend zu nicken oder es ablehnend beiseite zu legen!

Erfolgreich kann unser Training nur dann absolviert werden, wenn Sie aktiv dabei mitarbeiten, üben, wiederholen, in der Praxis anwenden und konsequent durchhalten!

Entscheiden Sie am besten jetzt, was Sie von diesem Buch erwarten! Davon nämlich hängt dann der zeitliche Rahmen ab, in dem Sie die Trainingseinheiten durchlaufen sollten.

Die Idee des Marathontrainings geht davon aus, daß Sie nach der Vorbereitungszeit tatsächlich den (Konzentrations- und Kreativitäts-) Marathon »laufen« und auch bis zum Zieleinlauf durchstehen: deshalb der zeitlich doch recht langwierige Trainingsplan mit einer Dauer von 26 Wochen. Jede Trainingseinheit umfaßt eine Woche. Der Ablauf innerhalb der Trainingseinheiten ist dann im wesentlichen immer der gleiche, wie Sie der grafischen Darstellung auf der folgenden Seite entnehmen können.

Das bedeutet aber nicht, daß Sie nach jeder Trainingseinheit das Buch für eine Woche zur Seite legen müssen und so ein halbes Jahr daran kauen. (Obwohl das meiner Meinung nach ehrlich gesagt das Beste wäre – dann bleibt die Spannung erhalten, und Sie »freuen« sich immer wieder auf die Trainingseinheit für die nächste Woche, mit allen ihren Überraschungen und Neuigkeiten!)

Sie können das Buch selbstverständlich bis zum Ende durchlesen und dann bei jeder Trainingseinheit je nach Bedarf die gewünschten Informationen noch einmal nachlesen. Oder tragen Sie nur noch Ihren Trainingsfahrplan mit sich und haken Erledigtes einfach ab!

Dieses Vorgehen hat einen großen Vorteil: Sie kaufen die Katze nicht im Sack, sondern bekommen schon vor Beginn des eigentlichen Trainings

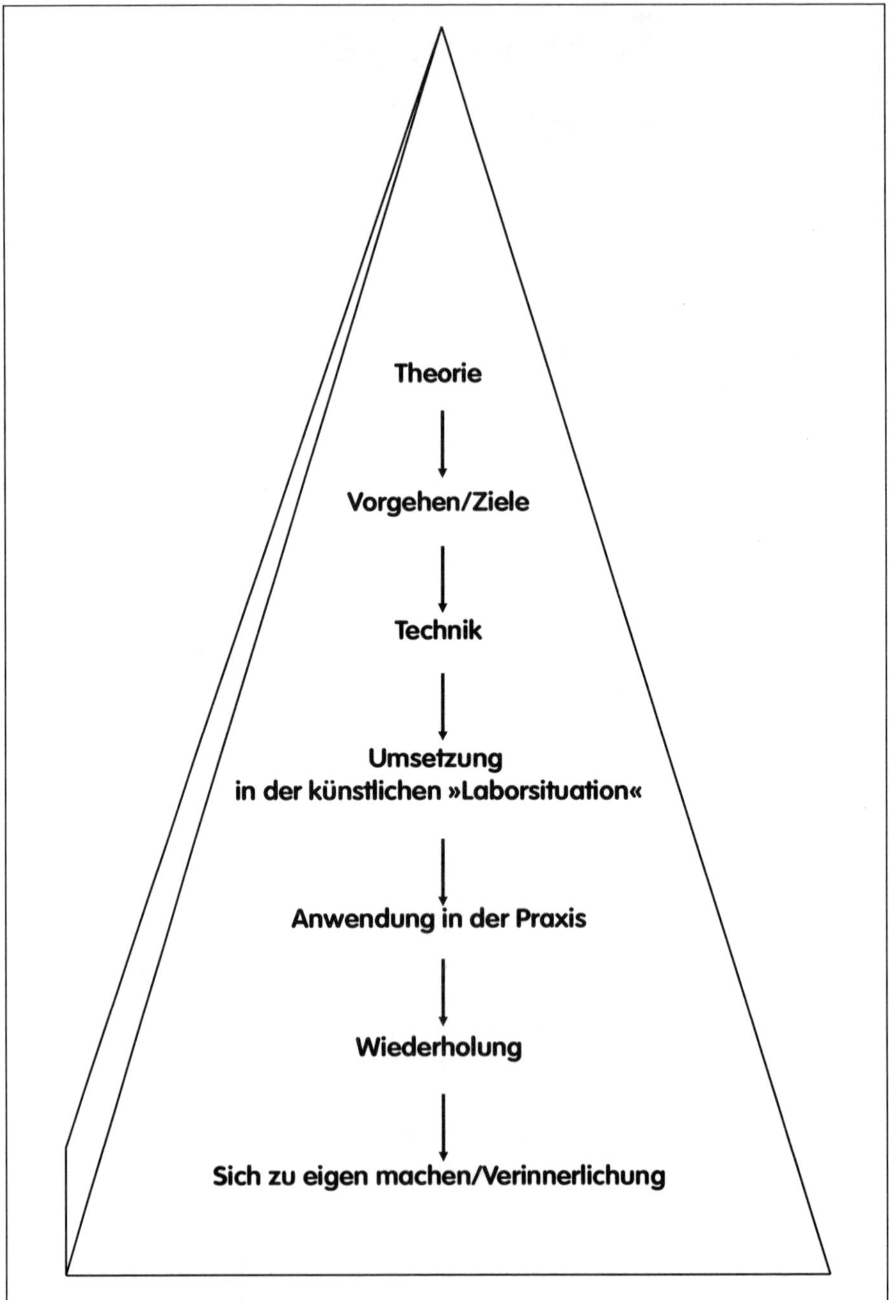
Theorie
Vorgehen/Ziele
Technik
Umsetzung
in der künstlichen »Laborsituation«
Anwendung in der Praxis
Wiederholung
Sich zu eigen machen/Verinnerlichung

ein ungefähres Gefühl für die Erfolgsaussichten sowie Sinn und Zweck des Vorhabens!

Die Trainingseinheiten können auch auf Tage reduziert werden, was die Vorbereitungszeit selbstverständlich deutlich verkürzt! Aber da sind wir wieder bei der Analogie zum Sport: In knapp einem Monat hat es noch keiner geschafft, sich auf einen Marathonlauf vorzubereiten, leidlich Skifahren zu lernen oder vernünftig Tennis zu spielen!

Sie können gerne in Tagesrationen trainieren, sollten dann jedoch Ihre Zielvorstellungen deutlich nach unten korrigieren (möglich und durchaus auch sinnvoll kann dieses Vorgehen trotzdem sein – Fortschritte werden auf jeden Fall erzielt).

Der Konzentrations- und Kreativitäts-marathon

Zum Umfang dieses Buchs gehört auch der separate Trainingsplan in Form eines herausnehmbaren, mobilen Taschentrainers, in dem übersichtlich und komprimiert alle 26 Trainingseinheiten aufgelistet sind. In diesem Plan können auch erzielte Ergebnisse eingetragen und erledigte Trainingseinheiten abgehakt werden.

Der Trainingsplan basiert auf einem systematisch zusammengestellten Konzept; deshalb ist es erforderlich, die einzelnen Trainingseinheiten möglichst in der angegebenen Reihenfolge zu durchlaufen!

So ist es ratsam, eine Trainingseinheit, die aus Zeitmangel oder sonstigem Grund in der dafür eingeplanten Woche nicht absolviert werden konnte, auf die direkt folgende Woche zu verschieben. Bei einer anderen Trainingseinheit, die Ihnen sehr leicht fällt, holen Sie die Zeit dann gegebenenfalls wieder ein. Wenn nicht, dauert das Training eben eine Woche länger!

Zusätzlich sind in dem Plan 3 Wochen Trainingspause vorgesehen, die dazu genutzt werden können, verlorene Zeit wieder aufzuholen!

Tragen Sie den Trainingsplan möglichst immer bei sich, so daß zu jeder Zeit Trainingseinheiten absolviert werden können. So haben Sie ständig Ihre »Sportausrüstung« bei sich!

Der 26-Stufen-

1. Woche	Die 100-Prozent-Regel
2. Woche	Die Macht der Vorstellung
3. Woche	Aktives Handeln
4. Woche	Freiheit der Alternativen
5. Woche	Konzentration auf die Unkonzentriertheit
6. Woche	Die Ausschließlichkeit des Handelns
7. Woche	Wissensaufnahme und -verarbeitung
8. Woche	Interne Störfaktoren
9. Woche	Trainingspause
10. Woche	Externe Störfaktoren
11. Woche	Zyklen beenden
12. Woche	Das 5-Sinne-Denken
13. Woche	Konzentratio Kreativo/ Das Lösungsfindungsdenken

Trainingsplan

14. Woche	Ideale Szenen
15. Woche	Die Logik der Kreativität
16. Woche	Das kreative Modell
17. Woche	Trainingspause
18. Woche	Musterdenken
19. Woche	Denkmuster verlassen
20. Woche	Humor
21. Woche	Fehler und Zufälle
22. Woche	Zurück in die Zukunft
23. Woche	Die Kreativitätslizenz
24. Woche	Trainingspause
25. Woche	Kreativitätsfördernde Verhaltensweisen
26. Woche	Die Fusion von Körper und Geist

Der KuK-Masterplan

						26. Woche
				23. Woche	24. Woche	25. Woche
			19. Woche	20. Woche	21. Woche	22. Woche
		14. Woche	15. Woche	16. Woche	17. Woche	18. Woche
	8. Woche	9. Woche	10. Woche	11. Woche	12. Woche	13. Woche
1. Woche	2. Woche	3. Woche	4. Woche	5. Woche	6. Woche	7. Woche

1

Die 100-Prozent-Regel

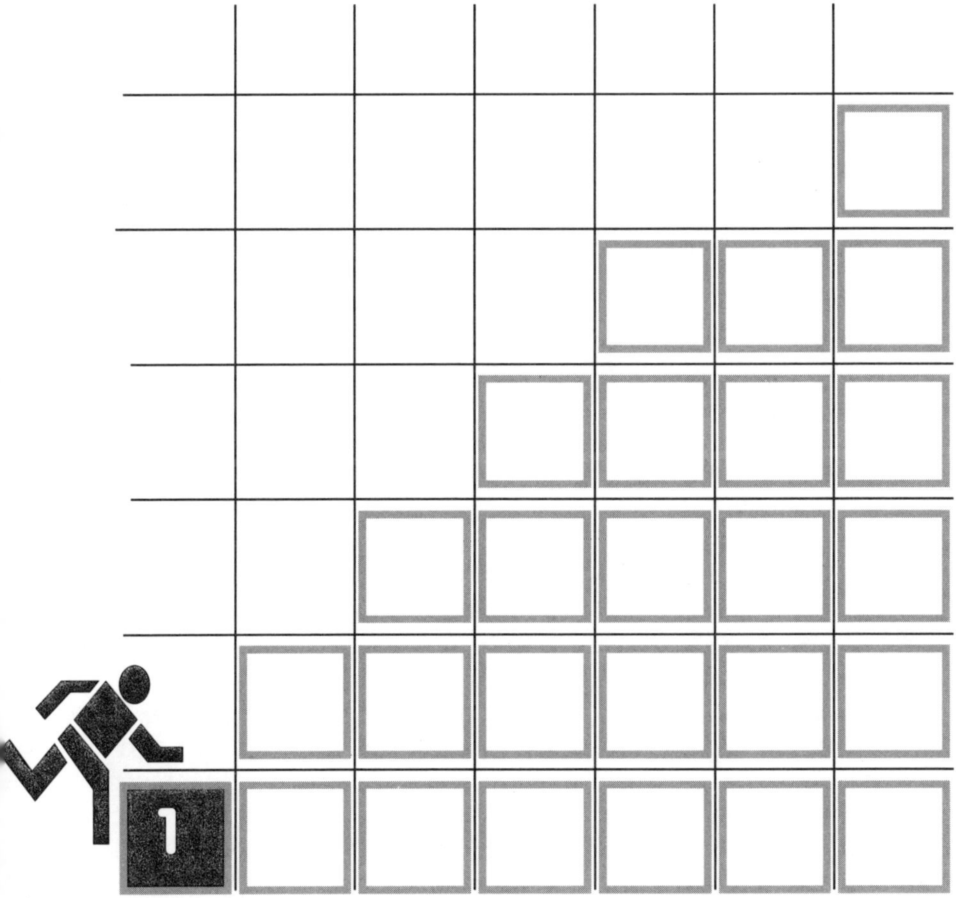

Mit den ersten 4 Trainingseinheiten entwickeln wir ein Gerüst, das uns helfen wird, unser gesamtes Handeln sehr viel intensiver und erfolgreicher zu gestalten!

Beginnen wir mit der 100-Prozent-Regel: Diese besagt, daß alles, was man tut oder denkt, von ganzem Herzen gemacht werden sollte. »Ich mache es ganz, zu 100 Prozent, oder ich lasse es bleiben.« Beginnt man etwas mit 100-Prozent-Überzeugung, dann kann es auch mit Freude vorangetrieben und zu einem erfolgreichen Abschluß gebracht werden. Mit Spaß bei der Sache wird die Handlung dann oft zum Vergnügen.

Erstaunlicherweise teilen aber viele Menschen ihre Handlungen in 2 Kategorien ein: Da sind zum einen alle Angelegenheiten, die man gerne und auch mit großem Einsatz vollbringt! Das schweißtreibende Tennisspiel, die achtstündige beschwerliche Bergwanderung und die erstaunliche Ausdauer bei der geliebten Fernsehshow oder dem spannenden Roman seien nur einige wenige kennzeichnende Beispiele dafür. Da wird die 100-Prozent-Regel bereits perfekt angewendet und funktioniert obendrein noch ausgezeichnet.

Die andere Kategorie des Handelns beinhaltet all die Aktionen, bei denen oftmals kein Funken Freude oder Überzeugung aufkommt. Diese umfassen leider eine Vielzahl von Tätigkeiten, die wir tagtäglich auszuüben haben und die uns sehr viel Zeit kosten: zum Beispiel bei der Arbeit (Konzepte entwerfen, Pläne aufstellen, Berichte schreiben, Verpflichtungen nachgehen) oder unangenehme Aufgaben zu Hause (wie das Geschirr abwaschen, Rasen mähen, Briefe schreiben, Verwandte besuchen und bewirten ...).

Außerdem fällt auf, daß für viele Menschen die unangenehmen Arbeiten überwiegend Denktätigkeiten sind. Vereinfacht gesagt, wird körperliche Betätigung oftmals als Freizeitbeschäftigung oder gar als »Belohnung« angesehen, Denken dagegen als harte, anstrengende Pflicht und Arbeit! Dies ist, nebenbei bemerkt, nicht nur bei Menschen mit überwiegend sitzender, statischer Tätigkeit (den Schlipsträgern) der Fall, sondern läßt sich erstaunlicherweise in verstärktem Maße auch bei Menschen mit vornehmlich körperlich ausgerichteten Jobs beobachten.

Man denke nur an die überfüllten Fitneßstudios, Tenniscourts usw., wo mit größter Lust der eigene Körper gequält wird. Erinnern Sie sich im Gegensatz dazu an die todernste, förmliche und destruktive Stimmung in vielen Büros, in den Schalterhallen der Banken oder zu Hause beim Ausfüllen der eigenen Steuererklärung (von der viele Steuerzahler eine stattliche Rückvergütung zu erwarten haben – da wäre doch ein siegessicheres Lächeln eher angebracht)! Denken hat eben den Anstrich des Seriösen, Ernsten, Unangenehmen, Pflichtbewußten, Erwachsenen und vor allem von Arbeit und Mühsal! Warum eigentlich: Denken könnten wir auch mit Attributen wie Lachen, Erfolg, Spannung, Freude, Ausgelassenheit, Unterhaltung, Heiterkeit, Spiel und Humor assoziieren.

Sehen Sie doch die kleinen, 5 Jahre alten Kinder, die mit Euphorie und gespannter Erwartung zum ersten Mal in die Schule kommen und es gar nicht erwarten können, schreiben zu lernen, zu lesen und vieles andere mehr zu erfahren; aber schon sehr bald wird dem Nachwuchs dort unmißverständlich klargemacht, daß Denken im Leben eine todernste Angelegenheit ist und man im Normalfall dazu gezwungen werden muß!

Der Sportunterricht dagegen wird für viele Schüler eine Art letztes Refugium des Angenehmen in der Penne! Hier kann man sich austoben, bei der Benotung der Leistungen wird selten die Versetzung gefährdet, und so verinnerlicht man eben, daß der Sportunterricht den attraktiven Teil des schulischen Alltags verkörpert und Fächer wie Mathematik, Geschichte etc. ausschließlich Pflichterfüllung bedeuten (umgekehrt bekommen einige junge Leute aufgrund irgendwelcher Erlebnisse ein Negativbild von der sportlichen Betätigung im Unterricht vermittelt und haben oft ein Leben lang keine Freude mehr daran).

Die Folgen dieser »Denkhaltung« erleben wir heute an uns selbst.

Ziel der 100-Prozent-Regel ist es, mit beiden Unarten aufzuräumen:

1. Es gibt keine positiven/negativen Handlungskategorien, sondern ausschließlich die beiden Alternativen »Ganz und mit Freude«, oder man läßt es eben!
2. Man kann sich eine positive Einstellung dem Denken gegenüber aneignen! Denken sollte genauso viel Freude bereiten wie andere Beschäftigungen auch! Genauso wie körperliche Betätigung aber zunächst Überwindung kostet und erst dann das Erfolgserlebnis kommt, erfordert auch das Denken einen gewissen Vorschuß an Energie!

Umsetzung der 100-Prozent-Regel

Schreiben Sie nun einmal auf, bei welchen Handlungen Sie bisher bereits nach der 100-Prozent-Regel vorgehen und dann diejenigen, bei denen Sie halbherzig, ohne Freude oder nur unter externem Druck agieren:

A) Handlungen, die Sie bisher schon mit vollem Einsatz, Freude und Enthusiasmus angegangen sind:

1. ____________________
2. ____________________
3. ____________________
4. ____________________
5. ____________________

B) Handlungen, die Sie bisher eher widerwillig, halbherzig, ohne Überzeugung und Freude angegangen sind, Aufgaben, die nur deshalb erledigt werden, weil es eben sein muß:

1. ____________________
2. ____________________
3. ____________________
4. ____________________
5. ____________________

Und nun legen Sie doch einmal für 5 Minuten das Buch beiseite und beginnen eine Handlung aus der »Negativliste« anzugehen: Achten Sie dabei darauf, nur dann zu handeln, wenn es gelingt, dies auch positiv und mit Freude zu tun (das kann, wie gesagt, eine reine Denktätigkeit oder eine sonstige Betätigung sein) – es sind ja nur 5 Minuten. Stehen Sie doch zum Beispiel einfach auf, waschen das Geschirr ab und singen dabei Ihr Lieblingslied, oder schreiben Sie mit Freude einen Brief an die Schwiegermutter!

Wenn es Ihnen im Moment nicht gelingen sollte, dies mit aktiver Freude zu vollbringen, dann lassen Sie es eben! Überlegen Sie statt dessen, warum diese Handlung jetzt nicht mit 100-Prozent-Überzeugung möglich ist. Was spricht dagegen, 5 Minuten lang dies oder jenes hundertprozentig zu tun?

Beobachten Sie sich morgen einmal dabei, wie der Tag abläuft: Wann im Laufe des Tages kommt die erste Handlung, die Sie nicht akzeptieren

100 Prozent
Ganz
oder
gar nicht!

Das Marathon-Prinzip

können oder wollen? Beginnt es bereits beim Klingeln des Weckers, beim Zähneputzen, wenn Sie mit dem Auto im Stau stehen, das Strategiepapier auszuarbeiten ist oder Sie sich mit einem Mitarbeiter/Kollegen/Kunden unterhalten, wenn Sie das Abendessen bereiten und den Teppich saugen?

Beginnen Sie ab morgen und versuchen Sie es mit nur einer einzigen Aktivität: Definieren Sie sie von der lästigen Pflicht weg hin zur Handlung, die Sie mit 100-Prozent-Commitment, das heißt voller Überzeugung, erledigen. Beschließen Sie, diese Sache nur noch dann zu tun, wenn Sie 100 Prozent investieren; wenn nicht, dann lassen Sie sie eben einmal ausfallen!

Am nächsten Tag könnten Sie zum Beispiel beschließen, daß ab sofort der Zeitraum bis 10.00 Uhr morgens ausschließlich mit 100-Prozent-Aktivitäten besetzt sein soll. Fällt in diesen Zeitraum die nervtötende Autofahrt zur Arbeit in das Büro, dann steigen Sie eben um auf öffentliche Verkehrsmittel, fahren eine Stunde früher oder später los, kaufen sich eine Musikcassette mit Ihren Lieblingshits, suchen sich einen netten Mitfahrer ... egal, was Sie tun, stehen Sie mit 100 Prozent dazu!

Nutzen Sie die erste Woche des Trainings dazu, sich anzugewöhnen, möglichst viele Handlungen ganz zu tun; denn alle 100-Prozent-Aktivitäten motivieren uns zu weiteren überzeugenden Handlungen.

Der Wochenplan

Die in den folgenden Trainingseinheiten vorgeschlagenen Stufenpläne sind nur ein Anhaltspunkt; stellen Sie bei Bedarf Ihren individuellen Plan auf!

So kann der Stufenplan für Woche eins aussehen:

1.Tag	Etwas Ungeliebtes mit 100 Prozent angehen.
2.Tag	Eine möglichst immer wiederkehrende Handlung ab sofort so definieren, daß es Freude macht, sie zu erledigen.
3.Tag	Die Zeit vom Aufstehen bis 10.00 Uhr morgens ist für Aktivitäten mit denen 100-Prozent-Input reserviert.
4.Tag	Vorhaben durchsetzen.
5.Tag	Sorgen Sie dafür, daß Sie mindestens einmal pro Stunde lachen. Machen Sie Ihrer Umgebung klar, daß Sie Freude bei der Arbeit und in der Freizeit haben und diese mit anderen zu teilen gedenken!
6.Tag	Genießen Sie den Vormittag bis zum Mittagessen! Ärgern können Sie sich dann später immer noch. Erledigen Sie in diesem Zeitraum wirklich alles mit Ihrer ganzen Energie.
7.Tag	Leben Sie den Tag mit 100 Prozent.

2

Die Macht der Vorstellung

Haben Sie eine konkrete Vorstellung davon, was Sie in Ihrem Leben erreichen möchten? Auf diese Frage erhält man meist Antworten wie Erfolg, Glück, Zufriedenheit, Reichtum usw.

Doch was bedeutet eigentlich Erfolg? Das kann materieller oder ideeller Erfolg sein; und was bedeutet materieller Erfolg? Vermögen, Auto, Haus, Lebensstandard ... Wann besitzen Sie ein Vermögen? Reicht es, eine Million auf dem Konto zu haben, oder beginnt das Vermögen schon bei 300 000 DM?

Jeder Mensch hat Ziele und Wünsche; solange man aber keine Vorstellung davon hat, wie das Ziel konkret aussieht und wann es erreicht werden kann, fällt es ziemlich schwer, darauf hinzuarbeiten!

Was man sich nicht vorstellen kann, kann man auch nicht erreichen!

Ziel der zweiten Trainingseinheit ist es, eine klare Vorstellung davon zu bekommen, wie die verwirklichbaren Ziele unseres Handelns aussehen und auf welche Weise diese in einen realistischen Beziehungsrahmen eingebunden werden können. Zusätzlich gilt es, alle Gedanken in der Vorstellung so zu verarbeiten, daß man jederzeit auch wirklich versteht, was man denkt!

Die Macht der Vorstellung wurde in vielen Versuchen und Experimenten auf beeindruckende Weise nachgewiesen! So hat man gezeigt, daß Lehrer normal begabte Schüler zu überdurchschnittlichen Leistungen führen können, im wesentlichen abhängig von dem Vertrauen in das Leistungsvermögen der jungen Menschen – und umgekehrt! Der Lehrer

versucht eben nur das, was er den Schülern in seiner subjektiven Vorstellung zutraut, auch in der Realität umzusetzen und zu bestätigen. So leben wir alle in einer individuellen Vorstellungswelt, in der wir uns vieles zutrauen, aber auch einiges als nicht erreichbar erachten. Zusätzlich sind wir Bestandteil der Vorstellungswelten unserer Mitmenschen – darin können wir in vielfältigster Ausprägung erscheinen, vom Superstar bis zum Versager!

Denken Sie nur an sich selbst, als Sie noch ein kleines Kind waren, oder an den eigenen Nachwuchs; das Eltern/Kind-Verhältnis ist sehr stark von Vorstellungen geprägt! Leider bewegen sich die Eltern aber oft in einer unrealistisch übersteigerten Vorstellungswelt – was sowohl in positiver wie auch negativer Über-/Unterschätzung münden kann. So sehen einige Eltern in ihrem Kind unter Umständen schon den Tennisstar von morgen und zwingen dem Junior Trainerstunden auf, wobei sie völlig übersehen, daß weder Interesse noch Begabung dem Wunschbild entsprechen – die Folge ist, daß das arme Kind eben diese Erwartungshaltung nicht erfüllen kann! Oder das Negativbild, daß einem Kind nach dem Scheitern in der Schule vorgehalten wird, es sei ein Versager, wenn es die 8. Klasse nicht bestehe. Das müssen Sie einem Kind nur einige Male vorhalten, dann übernimmt es sehr schnell die Vorstellung, eben zu dumm zu sein für die Schule! Und diese Vorstellung bestätigt das Kind dann durch entsprechende Leistungen und bleibt vielleicht ein Leben lang ein Verlierer!

Es ist also Vorsicht geboten: Die Vorstellung von der eigenen Leistungsfähigkeit darf einen positiv-realistischen Rahmen nicht übersteigen, sonst bewegt man sich in Traumwelten, und das hat nichts mehr mit realer Vorstellungskraft gemein – innerhalb dieses Rahmens aber stehen einem alle Möglichkeiten offen.

Denken und Verstehen

Kinder machen es uns wieder einmal vor! Wir alle kennen die bohrenden Fragen der Kleinen, diese nicht endend wollenden Was-Wie-Wo-Warum-Woher-Tiraden. »Papi, was machst du da? Warum nimmst du dazu den großen Hammer, nicht den kleinen? Wieso ist der lange Hammer besser geeignet? Warum hältst du den Hammer ganz hinten fest? Wieso brauchst du mehr Schwung für den Nagel? Was macht der Nagel in der Wand? Warum nimmst du einen Nagel dafür? Warum ist der Nagel da vorne so spitz? ..." Kinder fragen so lange, bis sie sich ein Bild davon machen können, worum es geht – sie also eine konkrete Vorstellung, eine Idee von der zu denkenden Angelegenheit bekommen.

Genau das sollten wir auch tun, denn wir verstehen oftmals gar nicht mehr, was wir denken!

Überlegen Sie einmal: Sind Ihnen die Zusammenhänge wirklich klar, wenn Sie in der Zeitung über Kriege und Konflikte, politische Auseinandersetzungen oder Entwicklungen in fernen Ländern lesen? Wir überfliegen doch täglich die Nachrichten und nehmen dabei nur noch Schlagworte auf!

Wären Kinder so oberflächlich und kritiklos, sie hätten große Probleme, sich in der Welt zurechtzufinden! So ist es empfehlenswert, das Augenmerk mehr auf die Qualität der Wissensaufnahme zu legen als auf die komplette Verarbeitung der Informationsflut.

Richtig, wir können andererseits nicht alles hinterfragen und Detailinformationen sammeln; sonst kämen wir über einige wenige Informationen nicht hinaus. Selektieren Sie die Wissensaufnahme, indem Sie das vertiefen, was den individuellen Interessen und Anforderungen entspricht, und bewegen Sie sich bei dem Rest bewußt an der Oberfläche. Vor allem gilt freilich die Regel: Was man denkt, sollte auch verstanden werden!

Die Wissenspyramide

Verstehen allein genügt aber nicht! Dies zeigen uns immer wieder einige Universitätsabgänger. Nach meist jahrelangem Studium, vermutlich noch gekrönt durch Promotion oder gar Zweitstudium, kann es dann vorkommen, daß die Absolventen zwar in der Theorie unglaublich viel verstanden haben, aber nicht mehr in der Lage sind, dies praktisch umzusetzen!

Deshalb sollte dem Verstehen die Anwendung folgen, damit Wissen und Fähigkeiten materialisiert werden können.

Diese Kombination von Theorie (Verstehen) und Praxis (Anwendung) wird dann sinnvoll, wenn der Wechsel reißverschlußartig vonstatten geht. Zuerst muß etwas verstanden werden, dann kann es ausprobiert, das heißt, auf die Umsetzbarkeit hin überprüft werden. Hat man schließlich Erfahrungen gemacht, kommt der Schritt zurück, um Neues zu verstehen und sich anzueignen. Dann kann auch das wieder angewendet werden. Die Qualität des Wissens wird auf diese Weise deutlich gesteigert. Der Weg zur Weisheit ist aber noch weit, wie die Pyramide des Wissens verdeutlicht:

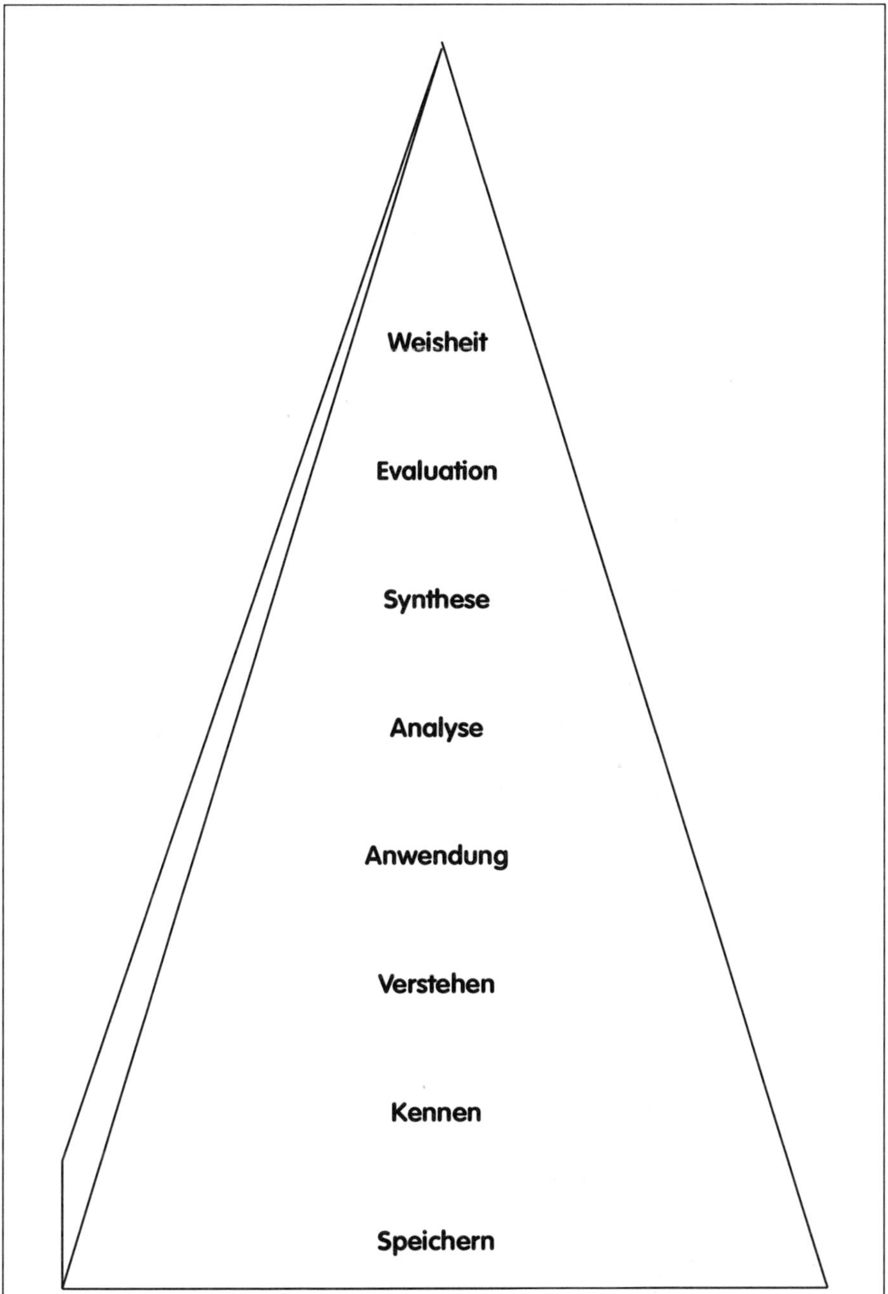
Weisheit
Evaluation
Synthese
Analyse
Anwendung
Verstehen
Kennen
Speichern

Speichern

Die niedrigste Stufe des Wissens. Daten werden schlicht abgelegt, ähnlich der Speicherung bei Computern (über die Tastatur werden Wissensinhalte auf der Diskette hinterlegt).

Kennen

Das Wissen kann reaktiviert werden, es ist noch abrufbar vorhanden; diese beiden Ebenen des Wissens werden häufig in der Schule trainiert: Vor der Prüfung lernt man den Wissensstoff auswendig, schaufelt regelrecht die Informationen in den Speicher (Speichern), um das Wissen 3 Tage später bei der Schulaufgabe noch aufzufinden und niederschreiben zu können (Kennen). Eine Woche später bekommt man die Zensuren und das Lob wegen hervorragender Leistungen, obwohl das Gros des Wissens bereits wieder verschwunden ist. Kein Wunder, es fehlte eben jedes Verständnis für die Zusammenhänge.

Verstehen

Würden wir nur die Hälfte unseres Wissens auch verstehen, wären wir reich!

Anwendung

Solange Wissen zwar verstanden ist, aber passiv im Gedächtnis bleibt, hat es geringen realen Wert (bis auf die persönliche Befriedigung, das Hobby, etwas eben »verstanden zu haben«). Erst die Anwendung materialisiert und veredelt das Wissen! Aktive Umsetzung bedeutet mehr als passives Verständnis. So werden Sie zum Beispiel nie ein guter Redner, auch dann nicht, wenn Sie die 100 Regeln und Gesetze der Rhetorik verinnerlicht haben, das freie Sprechen vor Publikum aber nie ausprobieren!

Analyse

Auf die Umsetzung folgt das Zergliedern, Auflösen und kritische Prüfen des Wissens. Der Sachverhalt wird systematisch hinterfragt und untersucht.

Synthese

Die daraus sich ergebenden einzelnen Teile werden nun zu einem höheren Ganzen zusammengefügt. Das Wissen wird zu neuen Verbindungen zusammengesetzt.

Evaluation

Diese neuen Wissensbausteine werden bewertet und beurteilt, als richtig oder falsch eingeschätzt.

Weisheit

Das bedeutet so viel wie Bildung, Erfahrung, Lebenserfahrung, Reife und Gelehrtheit! Weisheit ist ein Privileg des Alters – denn es erfordert natürlich Zeit und Ausdauer, vieles zu verstehen, zu erproben, zu analysieren, zu einer Synthese zu vereinigen und schließlich auf das Wesentliche zu reduzieren!

Weisheit?
Auf das
Wesentliche
reduziert

Das Marathon-Prinzip

Der Wochenplan

Überprüfen Sie Ihr eigenes Vorstellungsvermögen! Schreiben Sie zuerst 3 Ziele auf, die Sie in den kommenden 12 Monaten erreichen möchten – und stellen Sie sich den Augenblick, in dem Sie das Ziel erreichen, deutlich vor. Entspricht diese Vorstellung einer positiv realistischen Einschätzung – paßt in dieses Bild auch noch die erfolgreiche Zielerfüllung der beiden anderen Vorhaben? Wenn nicht, streichen Sie das/die Ziel(e); zumindest für das kommende Jahr. Finden Sie 3 Ziele, die vor Ihrem »geistigen Auge« harmonieren und nach 12 Monaten in Erfüllung gehen können.

Formulieren Sie die Ziele möglichst konkret und genau (also nicht »ein neues Auto«, sondern zum Beispiel »einen BMW oder Mercedes in der Preisklasse von DM 40 000«; nicht »Erfolg im Beruf«, sondern »Beförderung zum Leiter der Niederlassung« beziehungsweise »Gehaltserhöhung um 10 bis 15 Prozent«).

Ziel 1: ______________________________

____

Ziel 2: ______________________________

____

Ziel 3: ______________________________

____

Trainieren Sie Ihre Vorstellungskraft. Versuchen Sie alles zu verstehen, was Sie denken.

Haben Sie zum Beispiel eine Vorstellung, ein klares Bild von der Funktion des Bundestags und Bundesrats, von dem Lebensgefühl eines 16jährigen, dem Wirkungszusammenhang des Ohmschen Gesetzes oder dem Aussehen eines Menschen? Aktivieren Sie das Wissen, wenden Sie es an: Führen Sie doch ein Selbstgespräch und erklären Sie sich die Aufgaben des Bundestags.

Der Stufenplan für Woche 2:

1. Tag: Formulieren Sie die 3 Jahresziele! Beginnen Sie den Tag damit, sich darüber klarzuwerden, was heute passieren wird oder soll. Was möchten Sie bis heute abend erreicht haben – beruflich wie privat? Bitte möglichst anschaulich und greifbar formulieren.

2. Tag: Lesen Sie die Tageszeitung mit dem Bewußtsein des Verstehens. Überprüfen Sie nach jedem Artikel Ihr Verständnis für den Sachverhalt. Achten Sie bei den Themen, die von besonderem Interesse sind, darauf, daß Sie eine klare Vorstellung von den Inhalten haben.

3. Tag: Welche Vorstellung haben Sie von den Sie umgebenden Personen in Familie und Beruf? Was trauen Sie diesen Menschen zu, was erwarten oder befürchten Sie von ihnen? Warum haben Sie diese Vorstellungen, und woher kommen sie?

4. Tag: Und welche Vorstellungen haben diese Menschen von Ihnen? Positive/negative Erwartungen – warum haben diese Menschen solche Vorstellungsbilder von Ihnen? Wissen Sie wirklich, wie die anderen Leute Sie sehen?

5. Tag: Tagesziele formulieren und in der Vorstellung die Handlungen »vorhersehen«! Stellen Sie sich den Tag realistisch-positiv vor.

6. Tag: Versuchen Sie, die Jahresziele in Schritte zu zerlegen, und sehen Sie die monatlichen Fortschritte deutlich vor sich. Was muß dann zum Beispiel pro Monat geschehen, damit Sie das Endziel erreichen können?

7. Tag: Ehe Sie etwas angehen, proben Sie in der Vorstellung die Handlung. (Bevor Sie zum Beispiel beginnen, einen Bericht zu schreiben, sehen Sie die Teilschritte der Informationssammlung, Gliederung, Formulierung, verfügbare Zeit und Zeitbedarf, Beitrag von Kollegen und Mitarbeitern, Reinschrift usw. vor sich ablaufen, um zu entscheiden: Ist das Vorhaben denn auch wie geplant durchführbar?)

3

Aktives Handeln

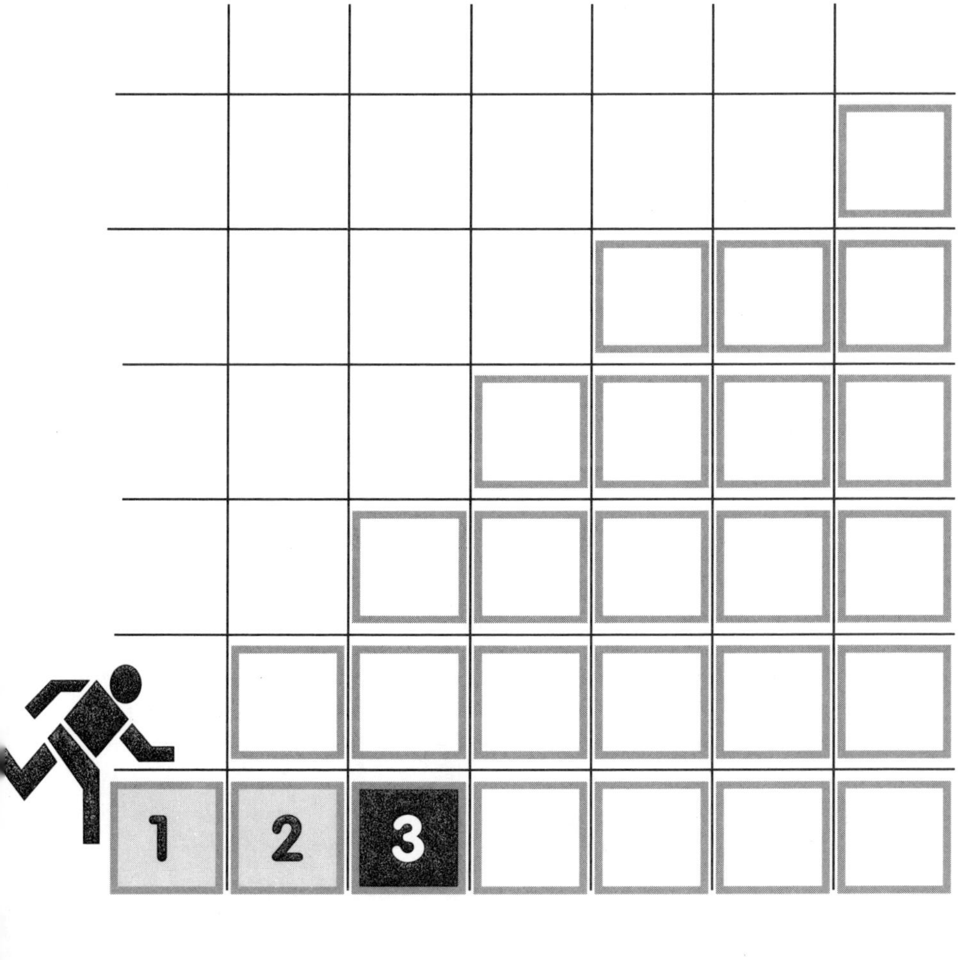

Wie oft im Leben hat uns alle schon das Schicksal ereilt: zum ersten Mal alleine in Urlaub gefahren und schon die große Liebe getroffen; im Lotto gewonnen; Eltern, die einen unterstützen und vieles ermöglichen; falsche Freunde; Mißerfolg im Beruf wegen eines Vorgesetzten; ein Unfall oder eine seltene Krankheit ...

Wenn man es genau nimmt, ist das ganze Leben von Zufällen, Umständen, Schicksalsschlägen und Unglücksfällen geprägt und abhängig.

Da können wir uns ja zurücklehnen und abwarten, was das Leben noch alles mit uns vorhat!

Diese absolut passive Einstellung führt natürlich geradewegs in den Keller des Lebens. Wer das Drehbuch des eigenen Lebens nicht selbst schreibt und bei dessen Verwirklichung nicht Regie führt, der wird durch Zufälle und das Verhalten anderer durchs Leben geschubst und so zum Spielball der Umstände.

In der dritten Trainingswoche wird das aktive Handeln zum Thema gemacht. Jeder muß akzeptieren, daß er für alles im Leben die Verantwortung zu tragen hat und deshalb ausschließlich durch Eigeninitiative, also AKTION, dieser Verantwortung auch gerecht werden kann.

So ist eben jeder selbst dafür verantwortlich, zum Beispiel konzentrierter und kreativer zu werden. Mit dem Kauf dieses Buchs haben Sie diese Selbstverantwortung bereits akzeptiert und danach gehandelt. Andere möchten vermutlich auch gerne ihre Konzentrationsfähigkeit verbessern, aber Sie hoffen auf den Zufall: Möglicherweise wird es ja mit fortschreitendem Alter aufwärtsgehen, oder der Arbeitgeber offeriert einem die Möglichkeit, einen Kurs zu besuchen, oder, oder, oder!

Wenn Sie es nicht selbst in die Hand nehmen, spielen Sie ein Glücksspiel: Regie führen dabei freilich andere!

Diese Verantwortung für sich selbst sollten Sie auf Ihr gesamtes Leben übertragen. Auch die schwere Krankheit, die einen aus der Bahn wirft, ist nun einmal das Problem des Kranken selbst! Wer sonst trägt die Verantwortung dafür? Der liebe Gott, die Familie, Ärzte, das Schicksal oder gar die Bakterien und Viren? Man kann immer Schuldige und Verantwortliche suchen – oder das Beste daraus machen, aktiv werden und handeln.

Das Leben ist jedes Menschen eigenes Risiko. Für den Erfolg ist man ja auch gerne selbst verantwortlich!

Man nehme nur das Beispiel vieler Behinderter: Die einen gehen an ihrer Behinderung zugrunde und bemitleiden sich selbst, die anderen leben aktiv weiter und machen das Beste daraus. Besuchen Sie einmal einen Mara-

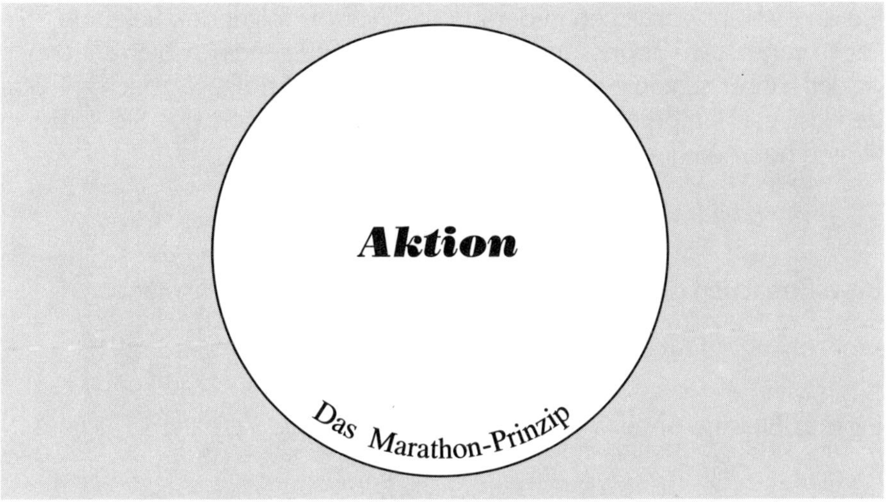

thonlauf und bestaunen Sie die teilnehmenden Rollstuhlfahrer; bei Gesprächen mit diesen jungen Leuten werden Sie erstaunlicherweise feststellen, daß viele unter ihnen ein unglaublich abwechslungsreiches, aktives Leben führen, ihre Freuden und Probleme haben, sehr ähnlich denen von uns »Gesunden«.

Ist die Eigenverantwortung einmal akzeptiert, ist man nicht mehr dem Schicksal ausgeliefert, sondern es eröffnen sich Möglichkeiten, Chancen und natürlich auch Gefahren aufgrund des individuellen Handelns.

Aktionen mit Verantwortung

Versuchen Sie aufzuschreiben, für welche Ereignisse in Ihrem Leben Sie keine Verantwortung tragen, Sie also die Schuld (im Positiven wie Negativen) auf andere Menschen, Umstände oder Situationen schieben können. Werden Sie sich zuerst des Ereignisses bewußt (zum Beispiel, Sie werden von einem Betrunkenen angefahren und schwer verletzt), dann versetzen Sie sich in die Lage, wie es zu dieser Situation kam (Sie stehen am Straßenrand, das Auto kommt auf Sie zu …) und halten Ihren Beitrag an dem Ereignis fest (Sie bewegen sich im Straßenverkehr, benutzen öffentlich zugängliches Gelände und sind ungeschützt). Dann benennen

Sie den Verantwortlichen in der auf das Ereignis folgenden Sekunde. (Sie liegen verletzt am Boden, und es ist ab sofort Ihr eigenes Problem; natürlich ist der Fahrer schuldig nach der StVO und dem Strafgesetzbuch – trotzdem ist es »Ihr persönliches Ereignis«, dessen Folgen nur Sie selbst in Angriff nehmen und bewältigen können!)

1. Schritt

Bewußtmachen des Ereignisses, der Situation und der Umstände.

2. Schritt

Eigener Beitrag, Anteil an dem Ereignis, das eigene Verhalten.

3. Schritt

Verantwortlichkeit hinterfragen und Benennung des Problemträgers.

4. Schritt

Was kann man anschließend tun oder lassen?

Glück + Pech sind unser eigenes Problem

Das Marathon-Prinzip

Der Wochenplan

1. Tag: Achten Sie darauf, ob es heute Ereignisse gibt, wo Glück oder Pech im Spiel ist. Machen Sie sich die Selbstverantwortung Ihres Handelns, Denkens und Fühlens mit Hilfe der obigen 4 Schritte bewußt.
Es ist Ihr Problem, wenn Sie Glück oder Pech haben!

2. Tag: Gibt es Handlungen in Beruf oder Privatleben, bei denen Sie die Folgen (Schuld) daraus auf andere abwälzen (schieben)? Stehen Sie zu Ihren Handlungen!

3. Tag: Was lassen Sie im Berufsleben einfach »liegen«, da Sie es ohnehin nicht ändern können?
Handeln Sie jetzt! Zumindest eine Aktion sofort!

4. Tag: Was schieben Sie im Privatleben auf die lange Bank und warten darauf, daß sich etwas ändert oder geschieht? Machen Sie den ersten Schritt!

5. Tag: Wiederholen Sie die Aktion von Tag 3 und 4. Je eine unerledigte beziehungsweise verdrängte Handlung angehen!

6. Tag: Überprüfen Sie erneut, welche Ereignisse in Ihrem Leben durch das Schicksal geprägt wurden! Welche Schicksalsschläge, positive wie negative, können Sie in Zukunft erwarten (in Ihrer positiv-realistischen Vorstellung)?

7. Tag: Übernehmen Sie Verantwortung – bei Niederlagen, Ärger, Verzögerungen, Streitereien ebenso wie bei Erfolgen!

4

Freiheit der Alternativen

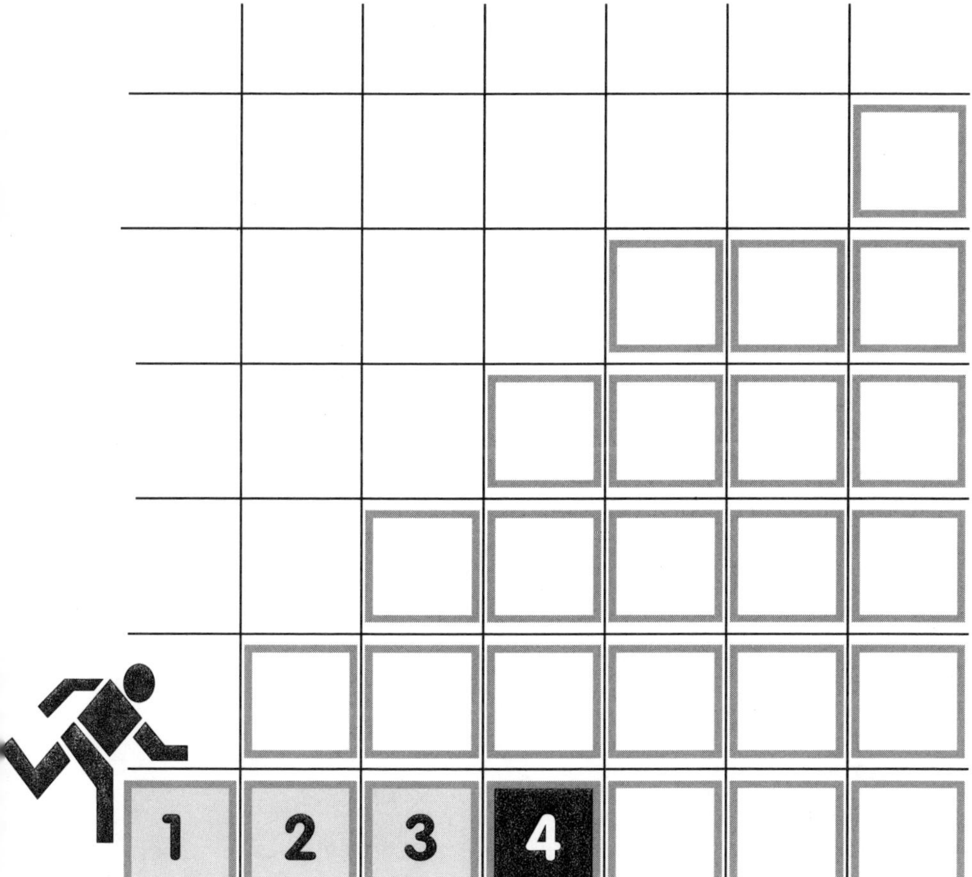

Kommen wir zur vierten Trainingseinheit – zur Freiheit der Alternativen. Damit ist das Quartett der 4 Grundprinzipien vollständig, so daß wir darauf aufbauend das spezialisierte Training zur Konzentrationssteigerung und Kreativitätsentfaltung angehen können.

Ähnlich dem Multiple-Choice-Verfahren bei vielen Prüfungen und Tests (Fahrprüfung, Examensklausuren) geht es nun um das Prinzip der absoluten Wahlfreiheit des Handelns.

Jeder Mensch kann individuell entscheiden, mit welchen Handlungen, Aktionen oder Verhaltensweisen er sein Leben gestalten möchte. Beschränkt wird er nur durch selbst gesetzte Grenzen – Sie haben bei allen Handlungen »multiple choices«, also die vielfältige Auswahl. Jeder denkbare Weg kann eingeschlagen werden, man muß nur entsprechend »ankreuzen«! Wichtig ist dabei, daß man nicht die Lösung anstrebt (ankreuzt), von der man meint, daß sie vom Umfeld erwartet wird; entscheidend ist, welchen Weg man selbst als den richtigen ansieht. Nur dann haben Sie die Freiheit der Alternativen! Und, nicht zu vergessen, die Folgen der Handlungen gehen auf die eigene Kappe – auch hier gilt das Prinzip der Selbstverantwortung!

Sind wir wirklich frei in der Wahl unserer Handlungen? In Gedanken erlauben wir uns auf jeden Fall sehr viel mehr an Alternativen, wir spielen diese auch häufig in unserer Vorstellung sehr intensiv durch, kommen dann aber meist zu dem Ergebnis, dies und jenes sei bedauerlicherweise nicht durchführbar, unmöglich zu realisieren oder aufgrund besonderer Umstände schlichtweg keine Option!

Listen Sie doch einmal 3 Wünsche, Träume, Vorhaben auf, die Sie im Leben gerne noch erreichen oder in Angriff nehmen würden (zum Beispiel eine Segeljacht zu besitzen, Klavier spielen zu lernen, den Beruf zu wechseln oder überhaupt nicht mehr zu arbeiten).

1. Wunsch: ______________________________

2. Wunsch: ______________________________

3. Wunsch: ______________________________

Und nun fragen Sie bei jedem Wunsch, warum er nicht erfüllt werden kann. Eine Segeljacht kostet sehr viel Geld; um sich diese leisten zu können, müssen Sie unter Umständen auf zahllose andere Annehmlichkeiten verzichten! Wenn es aber der sehnlichste Wunsch ist, erfüllen Sie sich diesen (und verkaufen das Häuschen, steigen um auf einen kleineren Wagen, verzichten auf den Skiurlaub ...).

Oder Klavier spielen zu lernen; kein Problem! Sie nehmen Klavierunterricht, kaufen sich ein Piano und üben fleißig (das wiederum bedeutet, andere Aktivitäten einzustellen, viele Stunden nervenaufreibender Übungsstunden zu tolerieren, aufgrund der Lautstärke eine neue Wohnung zu beziehen ...).

Jeder hat die freie Auswahl, was wann, wie und wo geschehen soll. Wenn man bereit ist, auch die Folgen seiner Handlungen selbst zu tragen, hat man alle Möglichkeiten.

Niemand kann jedoch alles auf einmal anstreben und erreichen! Deshalb ist zu hinterfragen, welche Dinge die höchste Priorität auf der Wunschliste haben. Das kann dazu führen, daß die höchste Priorität (zum Beispiel spätestens in 5 Jahren nicht mehr zu arbeiten) über alle folgenden Vorhaben und Ziele dominiert, ja diese unmöglich macht (zum Beispiel Auto, Reisen, Familie, Komfort, Sicherheit ...). Ist man zu solch radikalen Einschränkungen aber nicht »bereit«, hat dieses Ziel auch nichts auf Platz eins zu suchen. Das kann jeder selbst entscheiden – die Alternative ist auf jeden Fall geboten!

Der Wochenplan

1. Tag: Listen Sie Ihre persönlichen Vorhaben für die kommenden 12 Monate auf. Setzen Sie Prioritäten – was sehen Sie als besonders erstrebenswert an? Sind Sie bereit, die Folgen Ihrer Handlungen in Kauf zu nehmen – wenn nicht, ordnen Sie die Liste neu!

2. Tag: Beobachten Sie sich – warum handeln Sie heute so? Ist es Ihre eigene Entscheidung, oder lassen Sie sich durch die Erwartungen Ihres Umfelds beeinflussen?

3. Tag: Beobachten Sie Ihr Umfeld. Wer aus Ihrem Arbeits- und Bekanntenkreis handelt Ihrer Einschätzung nach eher passiv und wer mehr aktiv, das heißt, nach eigener freier Entscheidung? Welche dieser Personen sind zufriedener, erfolgreicher und haben eine starke Persönlichkeit ?

4. Tag: Versetzen Sie sich in folgende Situation: Sie sitzen in der Mittagspause beim Essen; überlegen Sie, was Sie gerne tun oder unternehmen möchten (nach Hause gehen, einen Kollegen kritisieren, den Vorgesetzten um eine Gehaltserhöhung bitten, dem Partner etwas Unangenehmes beichten) und welche Konsequenzen jede einzelne Handlung nach sich ziehen würde. Bei welcher Handlung würde Ihrer Beurteilung nach die Welt untergehen, wann wäre Ihr Leben gefährdet, Ihre Kündigung fällig, wundert sich jemand nur über Sie oder ruft die Polizei? Würde überhaupt jemand Ihrem Verhalten Aufmerksamkeit schenken? Probieren Sie es einmal aus! Sie werden erstaunt sein, daß der Himmel nicht so schnell heruntergefallen kommt!

5. Tag: Üben Sie Ihre Freiheit an Alternativen. Werden Sie sich bewußt, welche Alternativen sich bei jeder Handlung bieten!

6. Tag: Finden Sie heraus, bei welchen Gelegenheiten des Privatlebens Ihnen selbstbestimmtes Auswählen wichtig ist und bei welchen Sie die Umstände »ertragen« können, also tolerant und bereitwillig anderen die Wahl überlassen.

7. Tag: Nun hinterfragen Sie Ihr Berufsleben. Was möchten Sie unbedingt selbst entscheiden ? In welchen Situationen sind Sie tolerant und anpassungsfähig?

Das Handlungsquartett

Versuchen Sie alle 4 Grundprinzipien auch bei den folgenden Trainingseinheiten anzuwenden und zu verinnerlichen:

1. 100 Prozent
   Ganz oder gar nicht!

2. Vorstellungskraft
   Was man sich vorstellen kann, kann man auch erreichen!

3. Verantwortung
   Gestalten durch Aktion!

4. Multiple Choice
   Freiheit durch Alternativen!

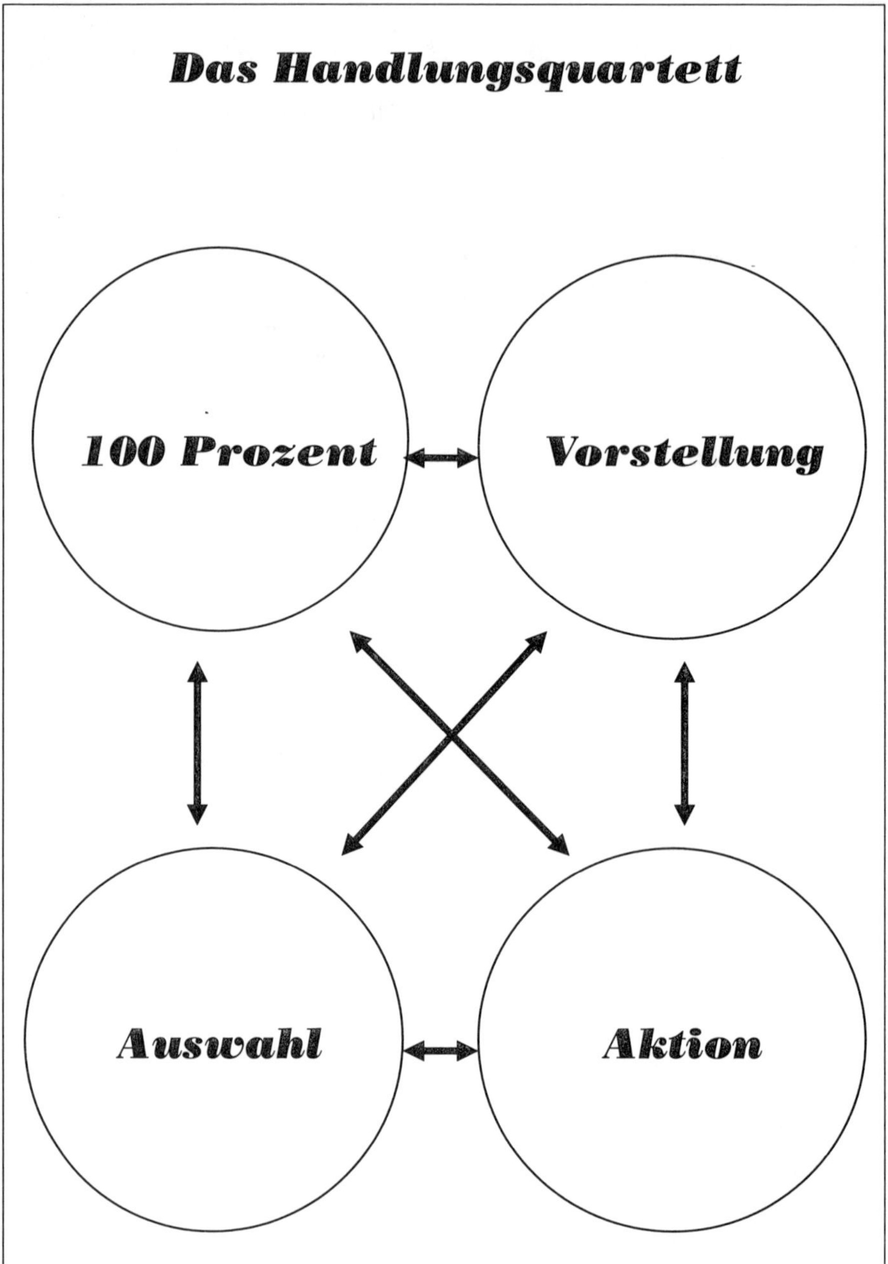
Das Handlungsquartett
100 Prozent
Vorstellung
Auswahl
Aktion

5

Konzentration auf die Unkonzentriertheit

Wie lange kann der Zeitraum für anhaltend konzentriertes Denken sein? Aussagen wie die folgenden deuten darauf hin, daß es wohl möglich ist, sich über mehrere Stunden hinweg gut zu konzentrieren: »Wir haben 5 Stunden zusammengesessen und ohne Pause konzentriert gearbeitet.« »In den ersten beiden Sätzen des Tennisspiels konnte ich mich unglaublich gut auf das Match konzentrieren« oder »Jeder einzelne Spieler hat die ganzen 90 Minuten hindurch konzentriert gespielt und keine Sekunde lang den Gegner aus den Augen gelassen.«

Eingehende Studien haben jedoch ergeben, daß die Phasen intensiver Konzentration sehr kurz sind. Ständige Konzentration ist schlicht nicht möglich! Bereits nach circa 15 Sekunden intensiver Konzentration kommt es zu einer »mentalen« Ermüdungsphase! Dann braucht unser Gehirn eine Entspannungspause von etwa einer halben Sekunde, ehe es wieder auf Hochtouren kommt. Während dieser Erschöpfungsphase kommt es zu Stoffwechselvorgängen, die verbrauchte Energien und Substanzen ersetzen und neu aufbauen. Konzentration bedeutet einen extremen Verbrauch an Energieressourcen! Ähnlich einem Kohleofen muß das Feuer ständig mit neuem »Brennmaterial« versorgt werden, sonst wird die Flamme kleiner, und die Temperatur sinkt ab. Es gilt also, dieses Auf und Ab unserer Konzentrationsfähigkeit zu respektieren und dafür zu sorgen, daß Regenerationsphasen eingeplant werden.

Außerdem tendieren unsere Gedanken dazu, sich selbst zu organisieren! Oftmals denken wir über Dinge nach, die in diesem Moment eigentlich gar nicht von Interesse sind. So wie wir unseren Körper nicht immer nur bewußt bewegen, sondern eben auch ungewollte Motoriken entwickeln (das Kratzen am Hinterkopf, die verschränkten Beine, das Herumzappeln, in der Nase bohren, mit den Haaren herumspielen ...).

Der erste Schritt ist nun, sich bewußt zu werden, wie kurz diese Konzentrationsphasen sind und welcher Vielzahl von Abschweifungen wir unterliegen. Es ist wichtig, sich dafür zu sensibilisieren, wie unsere Gedanken ablaufen – denn nur wenn etwas bewußt wird, kann man auch daran gehen, etwas zu ändern und zu verbessern!

1. Schritt: Erkennen der begrenzten Konzentrationsausdauer
2. Schritt: Bewußtmachen der Gedankensprünge

So kann man mit folgender Übung überprüfen, wie es um die eigene Konzentrationsfähigkeit steht: Man setzt sich auf einen Stuhl und versucht, sich nachhaltig auf einen einzigen Gegenstand zu konzentrieren – den

Konzentration bedeutet Energie-verbrauch

Das Marathon-Prinzip

Gedanken zu halten! Man nehme einen möglichst einfachen Gegenstand, der wenig Raum für Assoziationen zu anderen Denkinhalten, also zu Abschweifungen, läßt. Bemerkt man, daß einem die Gedanken »durchgehen«, kehrt man unverzüglich zu dem ursprünglichen Gedanken zurück. Wenn man versucht, das einige Zeit durchzuhalten, wird sehr schnell offenbar, daß die eigenen Gedanken eine Art Eigenleben führen und je nach Lust und Laune umherspringen. Beim konzentrierten Denken beispielsweise an einen Bleistift springen dann die Gedanken in Sekundenschnelle umher: das Schreiben eines Briefes, Urlaub – Sonne – Arbeit, das Anspitzen des Stiftes, Bäume und Holz als Bestandteile des Stiftes, das Pieksen mit dem spitzen Ende, die Verletzung damals usw.

Unser Gehirn neigt offensichtlich dazu, Gedanken- und Wissensinhalte ständig zu verknüpfen und Zusammenhänge zu suchen. Es bilden sich Assoziationsketten, das heißt, Gedankenverbindungen und Kombinationen, die ähnlich einem Selbstauslöser ablaufen. Nehmen wir zum Beispiel den Denkinhalt Hammer, dann läuft bei jedem sofort ein (individuell anderer) »Film« ab: Nagel, schlagen, Holz, Wand, Bild, Finger, Amboß, Zimmermann ... Viele im Gehirn gespeicherte Wissensinhalte werden blitzschnell abgerufen. Nun können diese Assoziationsketten unbewußt ablaufen, selbst verursacht oder auch von Dritten initiiert werden. Hier haben wir ein »wunderbares« Manipulationsmittel zur Verfügung: Die Menschen nämlich, die ihre Konzentrationszyklen nicht bewußt steuern können, laufen Gefahr, von Dritten eingeimpfte Denkschemen zu übernehmen beziehungsweise nach deren »Logik« zu handeln. Wir kommen auf diese »Verkaufstechnik« in einem späteren Kapitel noch zu sprechen.

Es ist augenscheinlich, daß diese »sich selbst auslösenden Gedanken« die Konzentration auf das Wesentliche behindern. Deshalb werden wir in den folgenden Trainingseinheiten versuchen, den Selbstauslöser abzuschalten, um diesen Vorgang je nach Vorhaben eigenhändig zu initiieren oder eben zu unterdrücken.

Der Wochenplan

Ziel dieser Trainingseinheit ist es, sich das Phänomen der Konzentrationszyklen bewußt zu machen und nicht schon zu bekämpfen. Schon die Beobachtung der eigenen Unkonzentriertheit wird zu einer Verbesserung führen!

1. Tag: Finden Sie im Laufe des Tages 3 Denkinhalte, auf die Sie sich je eine Minute konzentrieren. Wählen Sie möglichst assoziationsarme Dinge (zum Beispiel eine weiße Wand, abends im Bett die dunkle Decke, ein Schuh, der Kleiderbügel ...). Kommen Sie nach jedem Abschweifen sofort zum Gegenstand zurück.

2. Tag: Versuchen Sie ein Gespräch zu führen, bei dem Sie sich ausschließlich auf das Thema konzentrieren möchten. Beginnen Sie mit einfachen Themen (über das Wetter, den Schnupfen etc.) und beobachten Sie Ihre Gedankensprünge.

3. Tag: Achten Sie bei Unterhaltungen darauf, wie sich bei anderen assoziative Gedankensprünge vollziehen und so das Gespräch inhaltlich beeinflußt wird.

4. Tag: Versuchen Sie in einem Gespräch durch entsprechende Wortwahl Ihr Gegenüber zu assoziativen Gedankensprüngen zu verleiten (bei dem Gespräch über das Wetter erwähnen Sie beiläufig Urlaubspläne, das gestrige Fernsehprogramm, lokale Ereignisse, Sportergebnisse...) und beobachten Sie das Verhalten des Gegenübers.

5. Tag: Lassen Sie sich von anderen in assoziative Gedankenwelten führen? Achten Sie zum Beispiel bei Verkäufern auf deren Wortwahl im Hinblick auf gewollte Verknüpfungen und darauf folgende Handlungen.

6. Tag: Versuchen Sie darauf zu achten, zu welchen Zeiten Ihre Konzentrationsfähigkeit besonders gut ist und wann Sie in einem mentalen Tief stecken. Beobachten Sie sich!

7. Tag: Machen Sie sich bewußt, daß eine Stunde konzentrierten Arbeitens (Denkens) Sie auch körperlich »schafft«. Konzentration ist Energieverbrauch!

6

Die Einzigartigkeit des Handelns

In unserer multimedialen Gesellschaft ist es heute ein Zeichen von professioneller, zeitgeistgemäßer Fähigkeit, wenn man mehrere Tätigkeiten parallel – also gleichzeitig – ausführen kann.

Das simultane Aufnehmen, Verarbeiten und Wiedergeben von Arbeitsvorgängen gehört zu den Fähigkeiten eines erfolgreichen Managers, wie das Fax und der Laptop an seinem Schreibtisch.

Mit dieser »Fähigkeit« sollte man aber sehr vorsichtig umgehen, denn bei genauerem Hinsehen und Hinterfragen kommt man meist zu der Einsicht, daß Simultantätigkeiten mehr schaden als nutzen. Dies gilt im besonderen für Denktätigkeiten!

Beschränkt man sich während eines bestimmten Zeitraums auf einen einzigen Denkvorgang, also auf eindimensionales Denken, dann ist die Voraussetzung für konzentrierte Wahrnehmung gegeben. Das Denkvermögen wird qualitativ gesteigert und der Nutzen pro Zeiteinheit deutlich erhöht. Ziel dieser Trainingseinheit ist es, sich einzigartiges Denken und auch Handeln anzueignen.

Dabei gehen wir wieder zweistufig vor:

1. Erkennen, daß einzigartiges Denken und Handeln die Gedächtnisleistung und Konzentrationsfähigkeit deutlich steigern.
2. Die exklusive Beschäftigung mit Denkvorgängen und Tätigkeiten.

Stellen Sie sich vor (=Vorstellung), Sie sind mit dem Auto unterwegs. Die Sonne scheint, Sie hören Musik, unterhalten sich mit dem Beifahrer und genießen die wunderbare Landschaft. Langsam ziehen Wolken auf, ein Gewitter kündigt sich an. 10 Minuten später regnet es in Strömen, der Himmel hat sich verfinstert, es donnert und blitzt, und Sie müssen das Licht einschalten. Plötzlich achten Sie nicht mehr auf die Umgebung, vermutlich drehen Sie das Radio leiser oder schalten es ab. Wenn es dann richtig dunkel wird und man kaum mehr 80 Meter Sicht hat, bitten Sie unter Umständen den Beifahrer um Ruhe, damit Sie den Wagen sicher und wohlbehalten zum Ziel steuern können. Sie brauchen Ihre volle Konzentration zum Autofahren, für andere parallel ablaufende Dinge reicht die Aufnahmekapazität nicht mehr aus, Sie handeln einzigartig!

Sobald man mehrere Dinge gleichzeitig tut (fahren, Musik hören, sich unterhalten ...) und diese auch bewußt wahrnimmt, muß man zwangsläufig auch die Konzentration aufteilen. Von 100 Prozent Konzentrationskapazität werden dann zum Beispiel 30 Prozent auf das Fahren des Autos

Einzigartig denken

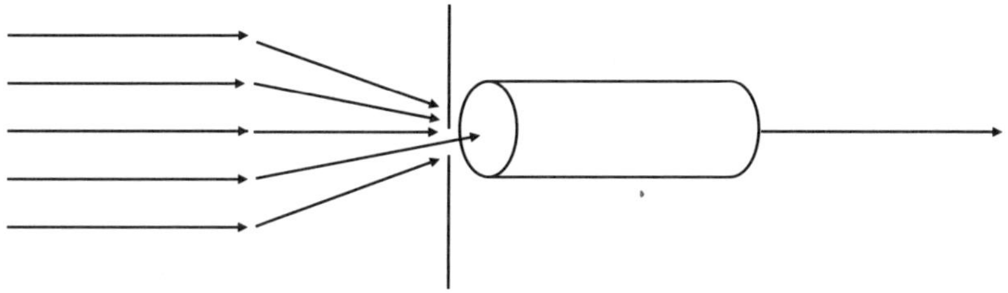

verwendet, 20 Prozent auf das Hören des Radios, 40 Prozent auf die Unterhaltung und 10 Prozent auf das Betrachten der Landschaft.

Oftmals genügt es ja auch, nur einen Bruchteil seiner Konzentration auf gewisse Dinge zu richten (wie im obigen Beispiel). Wird jedoch ein (Denk-)Vorgang wichtig, sollte auf eindimensionale Konzentration umgeschaltet werden! Dieser Wechsel von der Multi-Wahrnehmung zur Ausschließlichkeit des Denkens fällt oftmals aber schwer.

So wie bei dem Vorgesetzten, dessen Mitarbeiter in sein Büro kommt, um etwas mit ihm zu besprechen. Noch in Unterlagen blätternd, meint der Chef: »Fangen Sie ruhig an, ich höre Ihnen zu!« Ist der Mitarbeiter dann mit seinem Anliegen fertig, wird ihm entgegnet: »Können Sie das noch einmal ganz kurz wiederholen?« Dann hat der Mann zu wenig Konzentrationsprozente auf das Zuhören gesetzt und eben nichts mitbekommen. (Während dieser 2 Minuten hat er wahrscheinlich auch nichts vom Inhalt des Gelesenen behalten, da die Störung mit circa 25 Prozent Konzentrationsverlust zu stark war.) Multidimensionales Denken führt so oft zu vergeudeter Zeit!

Vielen Menschen ist es durchaus bewußt, daß einzigartiges Denken von Vorteil ist, nur gelingt es meist nicht, dies durchzuhalten. Immer wieder schweift man ab, es kommen einem andere Gedanken usw. – die Gedanken organisieren sich selbst!

In den folgenden Kapiteln werden wir noch einige Male darauf zu sprechen kommen und versuchen, die Kommandogewalt über unser Denken zurückzuerobern.

An dieser Stelle versuchen wir uns zu trainieren, möglichst oft einzigartige Gedanken und Tätigkeiten zu initiieren.

Beginnen Sie mit einfachen Vorhaben und steigern Sie langsam den Schwierigkeitsgrad. Ein guter Einstieg ist das tägliche Essen: Versuchen Sie sich auf eine Mahlzeit mit 100-Prozent-Aufmerksamkeit zu konzentrieren. Schalten Sie den Fernseher ab, Zeitung zur Seite, Radio aus, Augen auf den Teller und los geht's. Das dauert ohnehin nur 10 Minuten – genießen Sie diesen Vorgang doch einmal einzigartig und Sie werden sehr viel intensivere Eindrücke von den Speisen erhalten. (Wenn es denn überhaupt nicht mehr schmeckt, dann wechseln Sie die Küche oder schalten das TV-Gerät wieder an!)

Beim Essen hat übrigens jeder schon einmal mit 100-Prozent-Konzentration gehandelt: Denken Sie nur daran, als Sie Ihren Partner in ein sehr teures Restaurant eingeladen oder begleitet haben – dort war es vermutlich so teuer, daß Sie genau aufgepaßt haben, wie die Speisen schmecken, um auch beurteilen zu können, ob der Preis denn gerechtfertigt ist!

Wie verhält man sich nun bei Tätigkeiten, die genügend Raum für Parallelgedanken lassen? Versuchen Sie bei rein manuellen Tätigkeiten wie zum Beispiel Staubsaugen oder Fahrradfahren, sich ebenfalls mit nur einem einzigen Gedankengang zu beschäftigen, den Sie auch selbst ausgewählt haben! Sie können sich auch zu 100 Prozent auf das Staubsaugen konzentrieren – sollten dies aber nur zu Übungszwecken tun; es gibt Wichtigeres, was man in diesem Fall parallel denken kann!

Der Wochenplan

1. Tag: Achten Sie bei sich auf multimediales Verhalten und Denken. Beobachten Sie sich selbst! Bei welchen Gelegenheiten denken Sie mehrgleisig, und wann bündeln Sie Ihre Gedanken?

2. Tag: Nehmen Sie Ihr Abendessen mit 100-Prozent-Konzentration ein und essen einzigartig, das heißt nicht, daß kein Wort mehr gesprochen und die häusliche Gemeinschaft aufgelöst wird – Unterhaltung gehört als soziale Komponente zum Essen! Machen Sie sich bewußt, was Sie bisher beim Essen überhaupt nicht wahrgenommen haben.

3. Tag: Wenn Sie die Tageszeitung lesen oder im Fernsehen Nachrichten sehen, lassen Sie alles andere weg und versuchen Sie einzigartig mitzudenken.

4. Tag: Beginnen Sie ein Buch zu lesen und versuchen Sie täglich 5 Seiten einzigartig, mit 100-Prozent-Aufmerksamkeit zu verinnerlichen (oder eine andere wiederkehrende Betätigung). Erinnern Sie sich damit täglich an das Ziel der Einzigartigkeit.

5. Tag: Finden Sie eine öfters wiederkehrende manuelle Tätigkeit, bei der Sie circa 90 Prozent Ihrer Konzentration auf andere Gedanken richten können. Wählen Sie selbst, was Sie dabei denken möchten.

6. Tag: Wählen Sie mindestens 2 Stunden, während derer Sie Ihre Gedanken unkontrolliert schweifen lassen. Genießen Sie diese »freie, unkonzentrierte Zeit«.

7. Tag: Rechnen Sie einmal nach: Wieviel haben Sie heute erledigt (geistig und manuell) und mit welcher Effizienz? Qualität ist fünfmal mehr wert als Quantität!

7

Wissensaufnahme und -verarbeitung

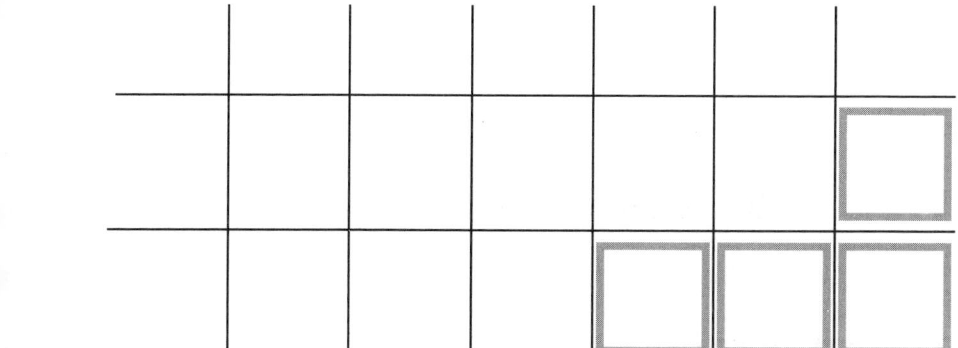

Das Ziel der Konzentrationssteigerung und Kreativitätsentfaltung sollte nicht dem Selbstzweck dienen, sondern muß als Baustein zu verbesserter Gedächtnisleistung gesehen werden. Nur wenn der Output, also die mentale Leistungsfähigkeit, nach Durchlaufen des Trainings deutlich verbessert ist, hat sich das Vorhaben gelohnt.

Deshalb werden wir in dieser Trainingseinheit versuchen, die Fähigkeiten der Wissensaufnahme und -verarbeitung zu optimieren. Wir werfen einen Blick auf unser Gehirn und dessen grundsätzliche Arbeitsweise. Davon abgeleitet ergeben sich verschiedene Denk- und Lerntechniken, deren Effizienz doch deutliche Unterschiede aufweisen.

Eine für jedermann gültige und richtige Technik kann dabei aber nicht aufgezeigt werden, da jeder Mensch eine individuell eigene Denkmentalität aufweist. So muß man durch Eigenbeobachtung und Experimentieren den für sich selbst zweckmäßigsten Denkstil auffinden und möglichst verstärken.

Die Funktionsweise des Gehirns

Das menschliche Gehirn besteht aus 2 Hemisphären. Diese beiden Gehirnhälften sind nicht nur auf völlig verschiedene Aufgaben spezialisiert, sondern unterscheiden sich auch in ihrer Arbeitsweise grundlegend voneinander.

Die linke Gehirnhälfte kann als der urteilsfällende Teil des Gehirns bezeichnet werden: Dort wird analysiert, verglichen und ausgewählt. Das Ausdrucksmittel ist die Sprache, also Worte, Zahlen, Daten und Fakten.

Im Gegensatz dazu wird die rechte Hemisphäre als der kreative Teil angesehen, wo ganzheitlich, vorausschauend und phantastisch gedacht wird. Die Werkzeuge dazu sind unsere Sinneswahrnehmungen wie Visualisierung, Akustik und Gefühl.

Die beiden Hemisphären sind durch den Balken, den Corpus callosum, miteinander verbunden. Über diese Verbindung herrscht ein reger Informationsaustausch zwischen beiden Gehirnhälften. Je nach Erfordernis wird die linke beziehungsweise rechte Hemisphäre tätig und tauscht Informationen mit der jeweils anderen Hälfte aus.

Unser Gehirn arbeitet also nach dem Prinzip der Arbeitsteilung! Dabei kann es aber zu Fehlsteuerungen kommen.

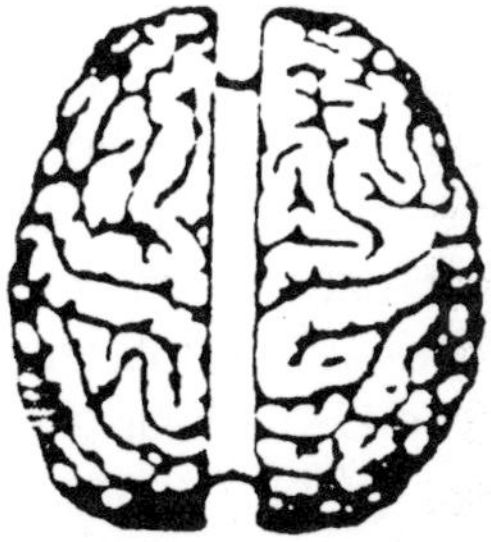

Linke Gehirnhälfte	Rechte Gehirnhälfte
– Sprache, Worte	– Bilder
– Vernunft	– Gefühle
– rationales, logisches Denken	– Phantasie, Kreativität
– abstrakt	– assoziativ
– Argumentation	– räumliche Wahrnehmung, Orientierung
– Details (sukzessiv)	– das Ganze (simultan)
➡ Sprechen, Lesen, Schreiben	➡ Sinneseindrücke (Gerüche, Musik, Visuelles)

Zum einen gibt es die unbewußten »Abstimmungsschwierigkeiten«; so kommt es mitunter vor, daß wir linkshirnig eine Situation aufgrund sorgfältiger Analyse rational positiv einschätzen, rechtshirnig dagegen ein ungutes Gefühl bei der Sache signalisiert bekommen. Denken Sie dabei nur an die Beurteilung von Mitarbeitern, Kollegen und Freunden – fachlich und logisch kommen Sie dabei oftmals zu anderen Urteilen als gefühlsmäßig. Mit dieser Diskrepanz werden wir alle leben müssen, da Ratio und Gefühl eben unterschiedliche Wertungskriterien benutzen.

Ein anderer Störfaktor behindert unser Denkvermögen sehr viel mehr, denn dieser ist meist der Grund dafür, daß die Arbeitsteilung der Hemisphären häufig nicht so funktioniert, wie sie eigentlich sollte.

Oft übernimmt die linke Gehirnhälfte Aufgaben (mit Logik), die eigentlich von der rechten Hemisphäre besser zu bewältigen wären (zum Beispiel mit Phantasie und Kreativität). Die Folge ist, daß der Denkprozeß sehr mühsam vonstatten geht oder zu gänzlich falschen Resultaten führt.

Diese Bevorzugung der linken Denkschemen wird uns allen durch das Schulsystem, in Ausbildung und Beruf antrainiert. Die Folgen sind, daß bei vielen Problemlösungen logisch richtige Entscheidungen getroffen werden, die aber zum Teil bei Betrachtung aller Zusammenhänge doch unerwünschte Konsequenzen haben – das zeigt sich jedoch meist zu spät!

So können zum Beispiel Kosten-/Nutzen-Vergleiche zwischen Kernenergie und Sonnenenergie in D-Mark, also Zahlen, ausgedrückt werden oder aber in gefühlsmäßiger Währung, also ganzheitlicher Einschätzung von Restrisiko, Umweltbeeinflussung etc. Das Ergebnis des Denkprozesses wird je nach Hemisphären-Dominanz deutlich voneinander abweichen.

Wir wollen versuchen, die Arbeitsteilung so zu optimieren, daß die Aufgaben der jeweils kompetenten Stelle zugeteilt werden und so das Denkvermögen wirkungsvoller wird.

Denk- und Lerntechniken

Wie funktioniert nun das bewußte Aufnehmen und Verarbeiten von Wissen, wie lernen wir?

Dabei müssen wir wieder unterscheiden nach links- und rechtshirnigem Lernen. Beim Aufnehmen mit der linken Hemisphäre wird jedes Detail separat erfaßt; das heißt, das zu Lernende wird sukzessive (Schritt für Schritt) aufgenommen. Die linke Gehirnhälfte arbeitet ähnlich wie ein Computer: streng abstrakt, rational und logisch – nur zigmal langsamer!

Diese Geschwindigkeitsunterschiede kann man sich aber gar nicht mehr vorstellen, deshalb ein Vergleich Mensch/Maschine mit greifbareren Kriterien:

Die Entwicklung der Verarbeitungsgeschwindigkeit bei Computern ist atemberaubend: Während in den 40er Jahren die schnellsten DV-Anlagen bereits 1 000 Rechenoperationen pro Sekunde verarbeiten konnten, sind es heute sagenhafte eine Milliarde Rechenoperationen. Diese Zahl ist nahezu unvorstellbar. Erst der Vergleich mit etwas Greifbarem macht das Ausmaß dieser technischen Leistung deutlich: Eine Milliarde Rechenoperationen pro Sekunde entsprechen der Anzahl aller Sekunden eines Zeitraums von 30 Jahren (Tag und Nacht – jede einzelne Sekunde).

So ist es kein Wunder, daß heute viele »linkshirnorientierte« Arbeitsplätze in verstärktem Maße von Mensch auf Maschine umgestellt werden!

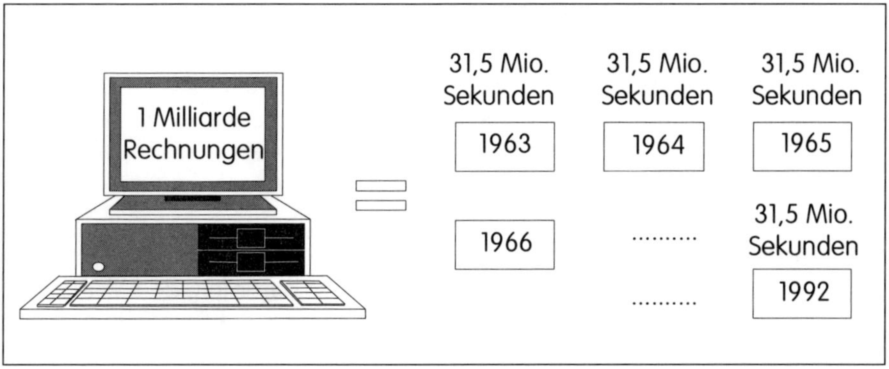

Lernen mit der rechten Hemisphäre funktioniert völlig anders. Dabei werden Informationen ganzheitlich in Bildern aufgenommen, das heißt, mehrere Dinge werden gleichzeitig wahrgenommen, und es kommt zur simultanen Verarbeitung des Lernstoffes. Nur so lassen sich komplexe Probleme und Handlungsabläufe verstehen. Ohne das »vollständige Bild« lernen wir einseitig und linear! Die Fähigkeiten der rechten Gehirnhälfte haben den gemeinsamen Nenner der Visualisierung, also der Bildhaftigkeit.

Die Fähigkeiten des rechtshirnigen Lernens sind ein einmaliges Privileg des Menschen. Ein Computer muß Wissen immer noch über den Weg der sukzessiven Zergliederung aufnehmen, denn die Maschine versteht im Grunde nur »ja« und »nein«! Diesen Vorteil sollten wir Menschen nutzen und verstärken; nicht auf einem Gebiet mit dem Computer wetteifern, auf dem wir hoffnungslos unterlegen sind!

Ein Beispiel soll verdeutlichen, was mit unterschiedlichen Lerntechniken gemeint ist, und aufzeigen, daß ein bestimmter Lernweg das Wissen verständlicher machen kann als eventuell ein anderer! Für jeden Wissensstoff gibt es mehrere Erklärungswege.

So kann die physikalische Formel für die Leistung sehr unterschiedlich erklärt werden. Einige Möglichkeiten möchte ich hier aufzeigen:

1. **Logische, abstrakte Erklärung:** Im klassischen Physikunterricht wird die Formel unter Umständen wie folgt erklärt: Die Leistung (P) ist der Quotient aus Arbeit (W) und Zeit (t), wobei Arbeit das Produkt aus Kraft (F) mal Weg (s) ist!

$$P = \frac{W}{t} \quad W = F \cdot s \quad 1\,W = N \cdot \frac{m}{s^2}; \quad N = \frac{kg \cdot m}{s^2} \quad 1\,kW = 1{,}36\,PS$$

Die Leistung wird normalerweise in Watt (W) ausgedrückt. Ein Watt hat die Einheit Newton (N) · Meter/Sek^2. Ein kW (10^3 Watt) entspricht dann 1,36 Pferdestärken (PS). Das alles gilt natürlich nur bei konstanter Leistung, beziehungsweise drückt die mittlere Leistung aus!
Verstanden?

2. **Visualisierte Darstellung:** Vielleicht wird die Formel mit einem anderen Erklärungsweg verständlicher. (Ziel ist natürlich, den Wirkungszusammenhang der Formel zu verstehen und nicht einfach auswendig zu lernen.) Stellen Sie sich folgende Szene vor: Zwei Ruderer starten zum Wettkampf, nach 30 Sekunden liegt einer der beiden in Führung; er hat in der gleichen Zeit (t) mehr gearbeitet (W) und hat deshalb eine höhere Leistung (P) erzielt. Mehr Arbeit bedeutet mehr Kraftaufwand und eine längere zurückgelegte Strecke ($W = F \cdot s$). Der Schnellere ist sozusagen mit mehr PS unterwegs!
   Nun ist der Wirkungszusammenhang dieser Formel unter Umständen schon viel besser verstanden, und die Bereitschaft sowie das Interesse haben sich erhöht, das alles nun in Zahlen auszudrücken.

3. **Lernen durch Tun:** Einige verstehen die Formel vielleicht am besten, wenn sie die Zusammenhänge am eigenen Leibe spüren können: Also machen Sie bitte in 30 Sekunden 10 Liegestütze; nach einer Erholungspause bitte dann dasselbe nochmals in 20 Sekunden. Was passiert? In kürzerer Zeit (t) haben Sie die gleiche Arbeit (W) verrichtet und deshalb deutlich Ihre Leistung (P) gesteigert! Da wären wir schon bei der nächsten Formel: Sie haben Energie aufgewendet und abgegeben ... aber das würde hier zu weit gehen!

4. **Art der Kommunikation:** Was halten Sie davon, wenn ich die Formel auf portugiesisch erkläre? Was – Sie können kein Portugiesisch? Sind Sie deshalb dumm, wenn Sie die Formel nicht verstehen – nein, wir sprechen dann eben verschiedene Sprachen (ähnlich dem Fachchinesisch des Lehrers in der Schule). Solange unsere Kommunikationsmuster nicht übereinstimmen, wird der Lernerfolg stark eingeschränkt sein! Je deckungsgleicher die Sprache des Senders mit der des Empfängers ist, um so einfacher kann der Wissensstoff vermittelt werden! Deshalb muß man nicht intelligenter werden, sondern die passenden Kommunikationsmuster finden und anwenden!

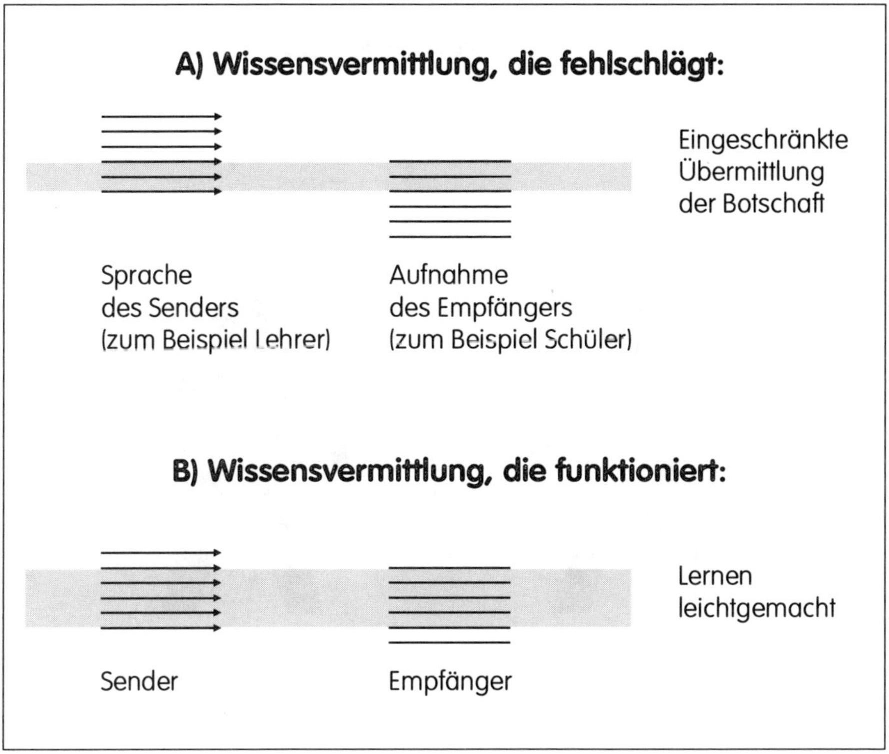

Diese Liste könnte noch weiter ausgeführt werden: So kann zum Beispiel das Hören helfen, den Lernerfolg zu steigern! Ein gutes Beispiel dafür ist Superlearning. Auch das Lernen im Team oder als Einzelkämpfer sind 2 völlig verschiedene Lerntechniken, die den Lernerfolg entscheidend beeinflussen können. Je nachdem, ob Sie ein mehr teamorientierter Lerntyp sind, der die Aufgabenstellung bevorzugt in der Gruppe ausdiskutiert, oder es aber bevorzugen, sich zurückzuziehen und den Lernstoff selbstständig zu bearbeiten.

Wichtig in unserem Zusammenhang ist, daß man für sich selbst erkennt, welche Art der Wissensaufnahme die individuell effektivste ist. Es hat sich gezeigt, daß die bei weitem überwiegende Mehrheit der Menschen dann sehr viel bessere Denkergebnisse erzielt, wenn Inhalte in ganzheitlichen Zusammenhängen dargeboten und verarbeitet werden. Demgegenüber haben nur einige wenige Menschen eine natürliche Begabung für das Denken in abstrakten Dimensionen!

Verstehen dominiert über Abspeichern

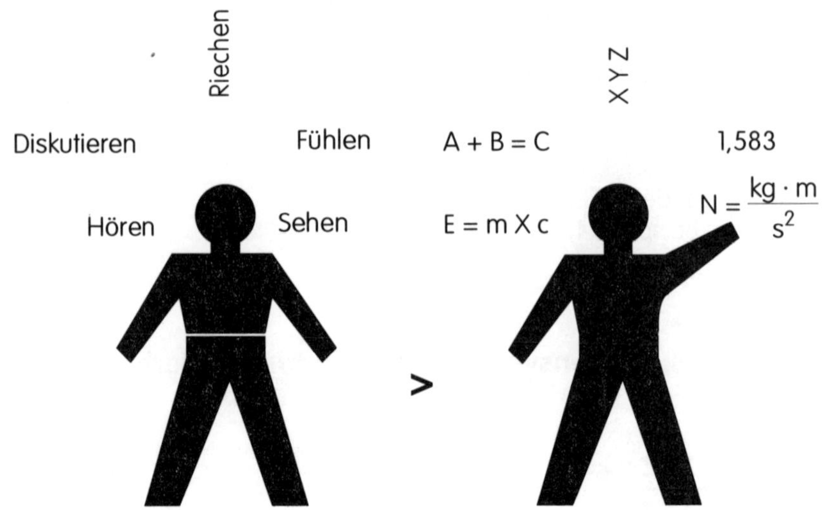

Der Wochenplan

1. Tag: Wie ist Ihre spontane Meinung zu folgenden Aussagen:
»Krankenschwestern müßten mindestens 20 Prozent Gehaltserhöhung bekommen.«
»Die RAF-Gefangenen sollten nach spätestens 5 Jahren aus der Haft entlassen werden.«
»Richard von Weizsäcker ist ein guter und vertrauenswürdiger Bundespräsident.«
Sind Ihre spontanen Aussagen links- oder rechtshirnig initiiert? Hinterfragen Sie Ihre Gedanken daraufhin.

2. Tag: Schreiben Sie zu den folgenden Themen 5 logische (links) Argumente beziehungsweise Aussagen auf und 5 gefühlsmäßige (rechts):
Pro/Contra Rauchen
Kernkraft
Wirtschaftswachstum
Auto fahren

3. Tag: Versuchen Sie bei jeder Denktätigkeit sich sowohl die links- als auch die rechtshirnigen Argumente bewußt zu machen. Und erst dann entscheiden beziehungsweise festlegen!

4. Tag: Wie heißt Ihr favorisierter Schriftsteller, Regisseur, Darsteller …? Warum lesen Sie bestimmte Autoren lieber als andere, was ist das Besondere an deren Sprache (hinterfragen Sie deren Kommunikationsmuster)? Suchen Sie Ihr individuelles Lernmuster!

5. Tag: Bei wem aus Ihrer unmittelbaren Umgebung fällt es Ihnen leicht zu verstehen, was diese Person ausdrükken möchte? Wen mißverstehen Sie öfters? Analysieren Sie die Ausdrucksmuster der anderen!

6. Tag: Wie müssen Sie sich ausdrücken, um von anderen sofort verstanden zu werden? Probieren Sie es aus: Erklären Sie einmal bildhaft, ganzheitlich und ein andermal logisch, abstrakt!

7. Tag: Handeln Sie erst dann, wenn beide Hemisphären nach »ihrer Meinung gefragt wurden«. Entscheiden können Sie ja trotzdem rational oder intuitiv!

8

Interne Störfaktoren

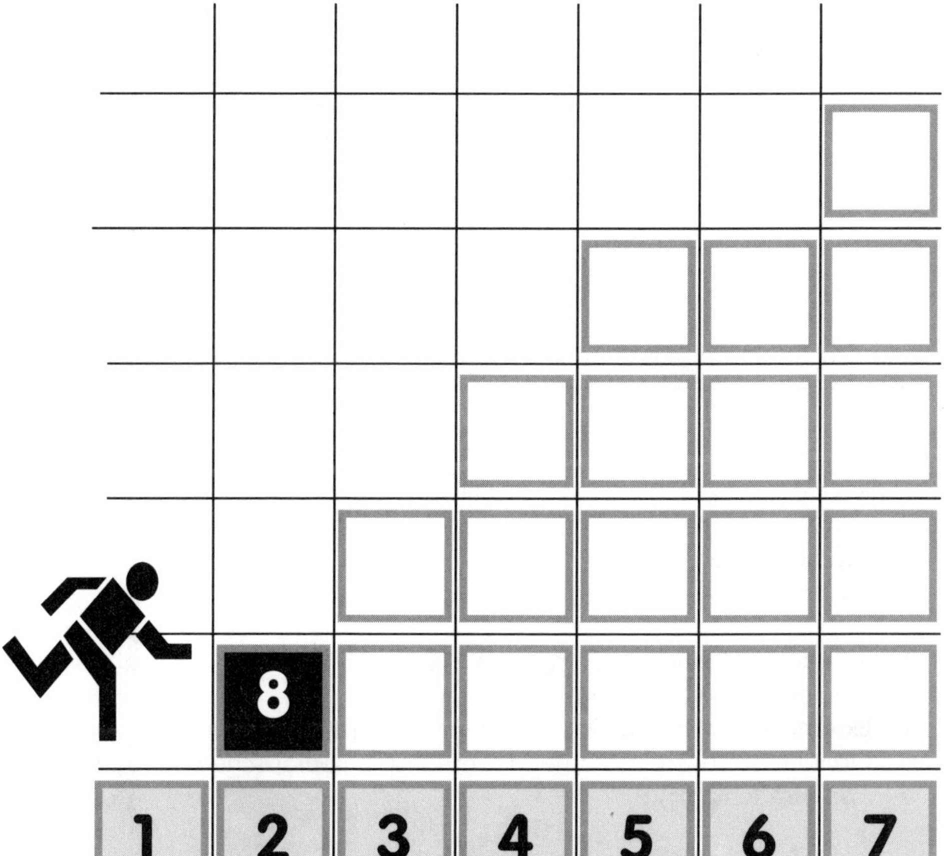

Wie wir im Kapitel »Konzentration auf die Unkonzentriertheit« bereits festgestellt haben, sind die Konzentrationszyklen, also das Halten eines Gedankens, sehr kurz. Die Konzentration verhält sich ähnlich einer Sinuskurve, wellenförmig geht es auf und ab. Diese »natürlichen« Schwingungen des Aufmerksamkeitsgrades müssen wir akzeptieren und lernen, damit umzugehen! Der Versuch, diese Wellen zu glätten, führt zu dauerhaft nur mittelmäßigem Engagement mit dem Ergebnis, daß die Konzentrationsfähigkeit in der Summe eher nachläßt.

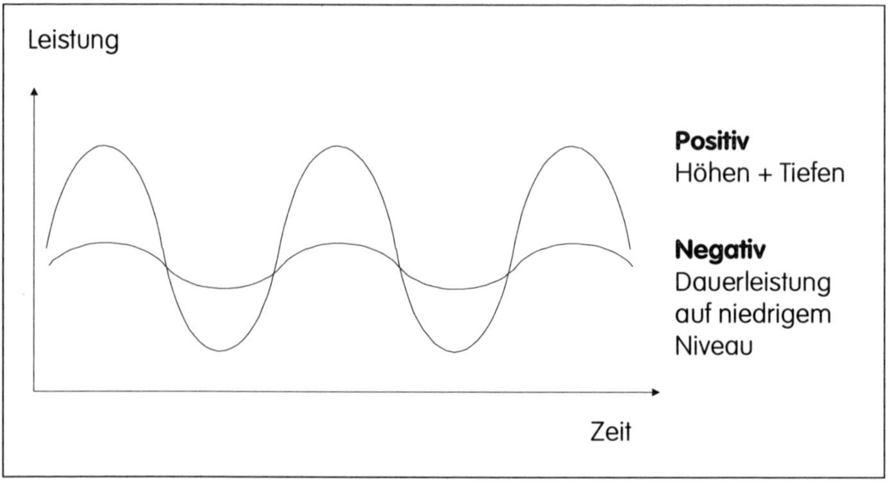

Ziel dieser Trainingseinheit ist es deshalb, Störfaktoren auszuschalten, die (zusätzlich zu den natürlichen Schwankungen) unsere Konzentrationsfähigkeit einschränken.

Dabei können 2 Gruppen von Störfaktoren bekämpft werden:

1. **Interne Störfaktoren:** Damit sind alle die Störfaktoren gemeint, die man selbst »produziert«.
2. **Externe Störfaktoren:** Das sind die Konzentrationsstörer, die von der Umwelt auf uns einströmen (zum Beispiel Geräusche wie Telefon und Straßenlärm).

Diese Trainingseinheit befaßt sich ausschließlich mit den internen Störfaktoren (die externen werden separat behandelt in der 10. Trainingseinheit).

Was sind nun die Störungen, für die wir selbst die Quelle sind?

Zum einen haben wir da die immer wiederkehrenden selbstproduzierten Gedanken. So kann es vorkommen, daß man an einem Arbeitstag annähernd stündlich daran denkt, in welches Restaurant man mit dem Partner zum Abendessen gehen könnte – oder vielleicht doch ins Kino oder zu Freunden! Zusätzlich die wiederkehrenden Gedanken an die wichtige Besprechung morgen, daran, den Geschäftspartner noch anzurufen und nicht zu vergessen, mit dem Mitarbeiter das unangenehme Beurteilungsgespräch zu führen! Diese Störungen belasten unsere Konzentrationsfähigkeit in besonderem Maße, da sie ähnlich einem Fluggeschwader ständig um uns kreisen und sich in regelmäßigen Abständen in Erinnerung bringen! So ist konzentriertes Denken fast unmöglich, da ständig eines der Flugzeuge im Anflug ist und unsere Aufmerksamkeit fordert. Diese Mehrfachstörer gilt es an erster Stelle auszuschalten!

Erst dann sollte man an die Bekämpfung der nur einmal vorkommenden Störer gehen. Wir werden allerdings noch sehen, daß diese Unterbrecher schwieriger zu fassen sind, da sie meist ohne jede Ankündigung »erdacht« werden. Hierunter fallen alle assoziativen Kettenreaktionen, die sich aus den gegenwärtig bewußten Gedanken ableiten. Beispiel: Sie sitzen an Ihrem Schreibtisch und schreiben einen Besuchsbericht über den Kunden X. Während der Formulierung der Einkaufskonditionen fällt Ihnen plötzlich Ihre Steuererklärung ein … die Abschreibungsmöglichkeiten Ihrer Eigentumswohnung … das bevorstehende Gespräch mit dem Steuerberater … die hübsche Mitarbeiterin in seinem Büro … der Vorsatz, mehr Sport zu treiben … ist der Mitgliedsbeitrag im Alpenverein schon überwiesen … S T O P – zurück zum Besuchsbericht!

Die internen Störfaktoren werden in den folgenden Schritten behandelt:

1. Bewußtmachen der Störgedanken,
2. Eliminierung der immer wiederkehrenden Störgedanken,
3. gar nicht erst Zulassen der internen Störgedanken, das heißt, Zerstörung des Nährbodens für Störfaktoren.

Daß wir alle mit Störgedanken zu kämpfen haben, kann man sich leicht vor Augen führen. Sensibilisiert darauf, die ankommenden »Störflugzeuge« zu bemerken, wird es einem unmißverständlich klar, daß ständig neue Störgedanken produziert werden – unabhängig von äußeren Umständen. Da wäre es natürlich schön, wenn man beschließen könnte, ab sofort keine Störgedanken mehr zu produzieren.

Dies funktioniert aber nicht so einfach (den Start der Störflugzeuge zu verhindern, werden wir später erlernen)!

Deshalb müssen in einem zweiten Schritt die Störgedanken beim Anflug zum Absturz gebracht werden. Die immer wiederkehrenden Störer werden dabei wie erwähnt zuerst eliminiert. Bei dem Gedanken an das Abendessen wird dann innegehalten und versucht, den Gedanken zu Ende zu bringen: Man ruft den Partner an, einigt sich auf ein Vorhaben, bestellt einen Tisch im Lokal oder kündigt seinen Besuch bei Freunden an. So ist dieser Gedanke abschließend behandelt und das Flugzeug zur Landung gebracht worden. Kommt das Thema der morgigen Besprechung wieder in den Sinn, wird sofort das Störflugzeug geortet und zur Landung »gezwungen«! Zum Beispiel: die Präsentationsunterlagen nochmals überprüfen, letzte noch fehlende Zahlen besorgen, die Technik im Besprechungszimmer überprüfen, das Konzept überarbeiten …

Dieses Vorgehen der unverzüglichen Beschäftigung mit Störgedanken führt natürlich dazu, daß dadurch die Ablenkung von der eigentlichen momentanen Arbeit noch sehr viel größer wird und die Effizienz darunter leidet. Dies ist vordergründig richtig, für den langfristigen Erfolg aber wichtig. Sehr bald wird einem bei diesem Vorgehen nämlich bewußt werden, daß diese immer wiederkehrenden Störgedanken ein kumulatives

Störpotential haben, das in der Summe erheblich größer ist als die einmalige und endgültige Auseinandersetzung mit dem Störgedanken.

Außerdem werden wir später in einem dritten Schritt (der auch für die externen Störer angewendet werden kann und deshalb in Trainingseinheit 12 behandelt wird) das Problem an seiner Wurzel packen und somit gänzlich eliminieren. Aber vergessen Sie nicht die Analogie zum Sport: Der Weg zur Meisterschaft führt immer über das Erlernen von Teilfähigkeiten; so ergibt es wenig Sinn, im Tennis das Offensivspiel am Netz zu trainieren, wenn man den Aufschlag noch nicht einmal beherrscht. Ein guter Aufschlag verbessert zwar nicht das Spiel am Netz, steigert aber die Spielstärke enorm.

Der Wochenplan

Ziel dieser Woche ist nicht, überhaupt keine Störgedanken mehr zuzulassen; dazu fehlt uns noch das technische Rüstzeug. An dieser Stelle geht es um das Bewußtmachen von Störgedanken und die Eliminierung der Mehrfachstörer.

1. Tag: Achten Sie auf Störgedanken beim konzentrierten Arbeiten. Nehmen Sie alle Störgedanken wahr und spüren Sie die immer wiederkehrenden auf.
Noch nicht bekämpfen, sondern erst einmal beobachten und »mitzählen«! Wann und warum produzieren Sie Störgedanken (morgens, nachmittags; bei Hektik oder Langeweile; bei Routine- oder Konzeptarbeiten etc.)?

2. Tag: Wählen Sie eine Stunde des heutigen Tages und beginnen Sie damit, die am häufigsten vorkommenden Störgedanken beim nächsten Anflug anzugehen und zu eliminieren. Auch die unangenehmen Dinge JETZT erledigen!

3. Tag: Wie werden die Mehrfachstörer initiiert?
Sind Sie im Verzug?
Haben Sie etwas vergessen?
Sind es unangenehme Tätigkeiten?
Ist es die Vergeßlichkeit?
Schlechtes Zeitmanagement?
Oder durch Aussagen, Verhaltensweisen anderer?
Suchen Sie die Ursachen und Quellen für die Störgedanken.

4. Tag: Für den Zeitraum von 8.00 – 12.00 Uhr gilt:
Eliminieren Sie alle Mehrfachstörer (die zweimal oder mehrmals angeflogen sind) sofort!
Was nicht sofort zu erledigen ist, wird auf einen genauen Termin fixiert (Beginn und Fertigstellung).

5. Tag: Sorgen Sie dafür, daß morgen keine privaten Störgedanken produziert werden!
Denken Sie eventuell mögliche Störgedanken bereits heute abend zu Ende!

6. Tag: Alle Mehrfachstörer des Tages werden abgeschossen (beziehungsweise terminiert)!

7. Tag: Finden Sie heraus, wann im Laufe eines Tages Ihre Konzentrationsfähigkeit unter dem Gesichtspunkt der internen Störgedanken am besten ist.

9

Trainingspause

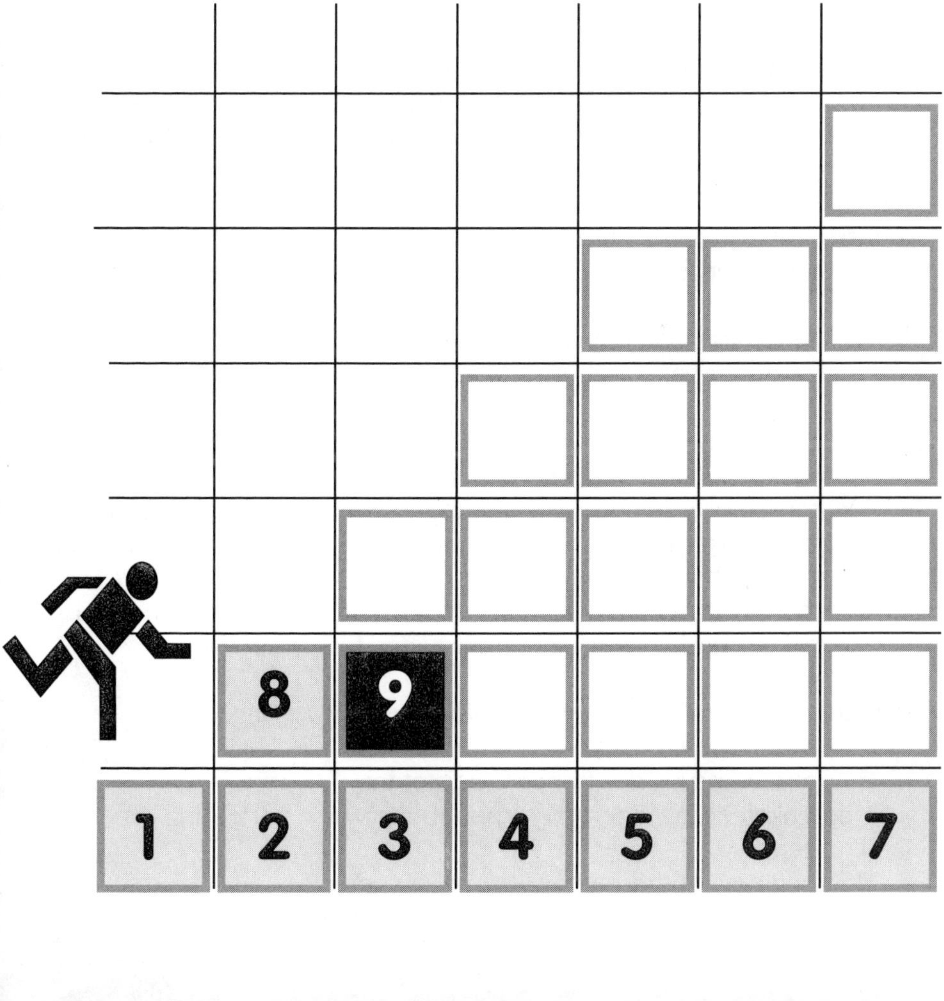

Das erste Drittel des Konzentrations- und Kreativitätsmarathons ist durchlaufen. Die Trainingsbausteine 1 bis 4 waren dabei mehr grundsätzlicher Natur; diese 4 »Grundregeln« haben allgemeingültigen Charakter und sollen helfen, das individuelle Handeln bewußter zu steuern und selbst zu gestalten!

Man sollte sich diese 4 Leitsätze immer wieder in Erinnerung rufen und kritisch überprüfen, inwieweit man selbst danach handelt:

1. Die 100-Prozent-Regel – Ganz oder gar nicht!
2. Die Macht der Vorstellung – Nur was man sich (realistisch) vorstellen kann, kann man auch erreichen!
3. Aktives Handeln – Verantwortliches Gestalten durch Aktion!
4. Freiheit der Alternativen – Individuell auswählen (Multiple Choice)!

Erst wenn man die Regie über das eigene Tun und Lassen (wieder) übernommen hat, ist eine Plattform geschaffen, von der aus eine bewußte Weiterentwicklung von Fähigkeiten ermöglicht wird. Dies gilt meiner Meinung nach sowohl für psychische als auch physische Fertigkeiten.

Die Bausteine 5 bis 8 waren dann gänzlich Fragen der Konzentrationssteigerung gewidmet. Weitere werden folgen.

Die wesentlichen Erkenntnisse noch einmal in der Zusammenfassung:

5. Konzentration auf die Unkonzentriertheit – Bewußtmachen der begrenzten Konzentrationsausdauer und der vielfältigen Assoziationssprünge!
6. Die Einzigartigkeit des Handelns – Exklusive Beschäftigung mit Denkinhalten und Handlungen steigert die Konzentrationsfähigkeit!
7. Wissensaufnahme und Verarbeitung – Optimierung der Arbeitsteilung zwischen rechter und linker Gehirnhälfte; Lernen in ganzheitlichen Zusammenhängen!
8. Interne Störfaktoren – Bewußtmachen und Eliminierung der hausgemachten und immer wiederkehrenden Störfaktoren!

Die Trainingspausen haben mehrere verschiedene wichtige Funktionen:

- Zusammenfassung des bisher Geleisteten;
- Möglichkeit der Wiederholung beziehungsweise Vertiefung von Teilschritten;
- Stärkung der Synthese von Geist und Körper.

Dabei sei nochmals erwähnt, daß es nicht das Ziel des Verfassers ist, Sie zum Marathonlauf zu »überreden« (der beiliegende sportliche Trainingsplan soll lediglich mein Trainingsangebot vervollständigen und den Buchtitel auch rechtfertigen).

Wer die 8 Trainingseinheiten bis jetzt konsequent durchgearbeitet hat, wird mit Sicherheit bereits eine deutliche Verbesserung seiner Konzentrationsfähigkeit beobachten können. Dies impliziert aber, daß den Konzentrationsphasen, verbunden mit hohem Energieverbrauch, zwangsläufig physische Trägheitsphasen folgen. Deshalb halte ich wie auch immer geartete Bewegungsaktivitäten für unerläßlich, um die mentale Fitneß schnell wiederherzustellen. So wird die Voraussetzung geschaffen, weiterhin konzentriert zu denken.

Was kann man also tun, um Körper und Geist in Harmonie zu bringen? Dabei kann ein Faktum genutzt werden: Sowohl Körper als auch Geist werden nach bestimmten Beanspruchungsphasen »müde« und tendieren dazu, die Aktivitäten einzustellen beziehungsweise zu reduzieren. Diese Phase der Lustlosigkeit kann man nutzen, indem man die Aktivität vom Körper auf den Geist oder umgekehrt lenkt. Der Aktive wird passiv und der Passive aktiv! So befreien Sie den müden Geist (müden Körper) und »belasten« andererseits den ausgeruhten Körper (ausgeruhten Geist). Es regt sich kein Widerstand, da der Geist (Körper) von einer »Last« befreit wird und der Körper (Geist) energiegeladen zur Aktivität bereit ist.

Dieses Wechselspiel erhöht die Motivation und führt zu deutlich gesteigerter Leistungsfähigkeit.

Wie kann man nun dieses Wechselspiel in das Alltagsleben einbauen? Die zwei- bis dreimal pro Woche ausgeübte sportliche Betätigung schafft einen wunderbaren Ausgleich von Körper und Geist! Jeder, der dies bereits erfahren hat, wird seinen Möglichkeiten entsprechend nach sportlicher Betätigung suchen.

Als zusätzlichen Ausgleich (auch für alle »No-sports-Typen« geeignet und zu empfehlen) lassen sich weitere kleine Rhythmussprünge Geist – Körper – Geist in den Alltag integrieren.

Ich für meine Person vermeide zum Beispiel das Fahrstuhlfahren, gehe spätestens nach 2 Stunden konzentrierter Arbeit für 10 Minuten an die frische Luft, wandere in Selbstgespräche vertieft durch die Wohnung, höre Musik und tanze dabei, trage die gebündelten Zeitungen zum nächsten Container, schneide Grimassen vor dem Spiegel, spiele Darts oder Papier-in-den-Papierkorb-werfen. Und wenn der Kopf dann einmal vor Erschöpfung zu qualmen beginnt, dann gibt es als »Belohnung« 90 Minuten Jogging!

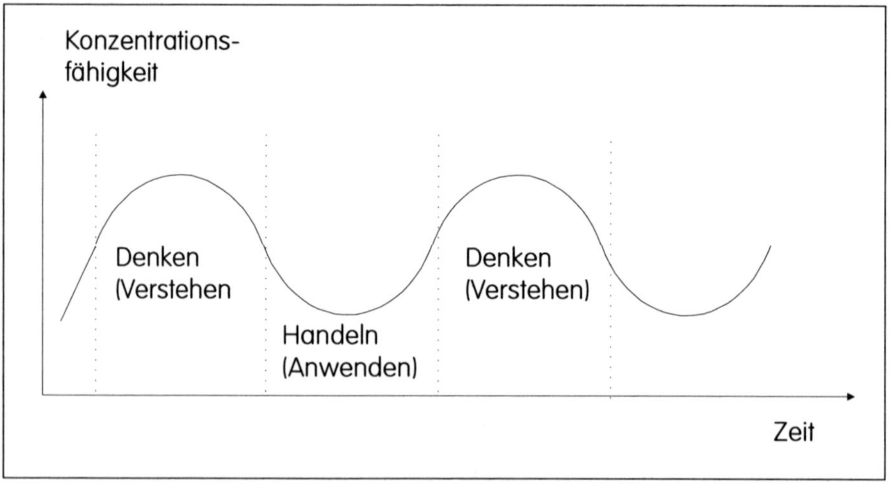

Der Wochenplan

1. Tag: Machen Sie sich noch einmal die beiden ersten Trainingseinheiten bewußt:
- Die 100-Prozent-Regel
- Die Macht der Vorstellung

Setzen Sie diese Regeln auch um? Aber Vorsicht: Streben Sie nicht die vollkommene Umsetzung an! Dies ist nur sehr schwer zu schaffen und erfordert Zeit – wichtig ist, daß man an sich arbeitet und die Anwendung und Verinnerlichung immer wieder anstrebt!

2. Tag: Versuchen Sie, Abwechslung in den Tag zu bringen! Springen Sie bewußt zwischen geistiger und körperlicher Aktivität. Es gibt für jeden Möglichkeiten (holen Sie Ihren Kaffee heute 2 Stockwerke tiefer; verlassen Sie mindestens einmal pro Stunde Ihr Arbeitszimmer; rufen Sie ihn nicht an – gehen Sie zu dem Kollegen; benutzen Sie die Armlehnen des Stuhles als Barren und heben Sie sich selbst zehnmal aus dem Stuhl ...).

3. Tag: Machen Sie sich noch einmal die Trainingseinheiten 3 und 4 bewußt:
- Aktives Handeln
- Freiheit der Alternativen

Übernehmen Sie die Verantwortung für all Ihre Handlungen (positiv wie negativ)! Sind Sie sich bewußt, daß alles von Ihnen selbst so gewählt wurde, wie es sich heute darstellt?

4. Tag: Finden Sie Ihre persönlichen »Pausen-Hobbys« (Kniebeugen; Verrenkungen; Papier-in-den-Papierkorb-werfen; im Büro umherwandern; Treppensteigen; jede Zigarette einzeln aus dem Auto holen; Schattenboxen)!

5. Tag: Die 4 Trainingseinheiten zur Konzentrationssteigerung waren:
- Konzentration auf die Unkonzentriertheit
- Die Einzigartigkeit des Handelns
- Wissensaufnahme und -verarbeitung
- Interne Störfaktoren

Bei Bedarf nochmals rekapitulieren.

6. Tag: An alle No-sports-Typen: Tun Sie irgend etwas, um heute einmal ins Schwitzen zu kommen (zum Beispiel vor dem Duschen)!

7. Tag: Ruhetag!

10

Externe Störfaktoren

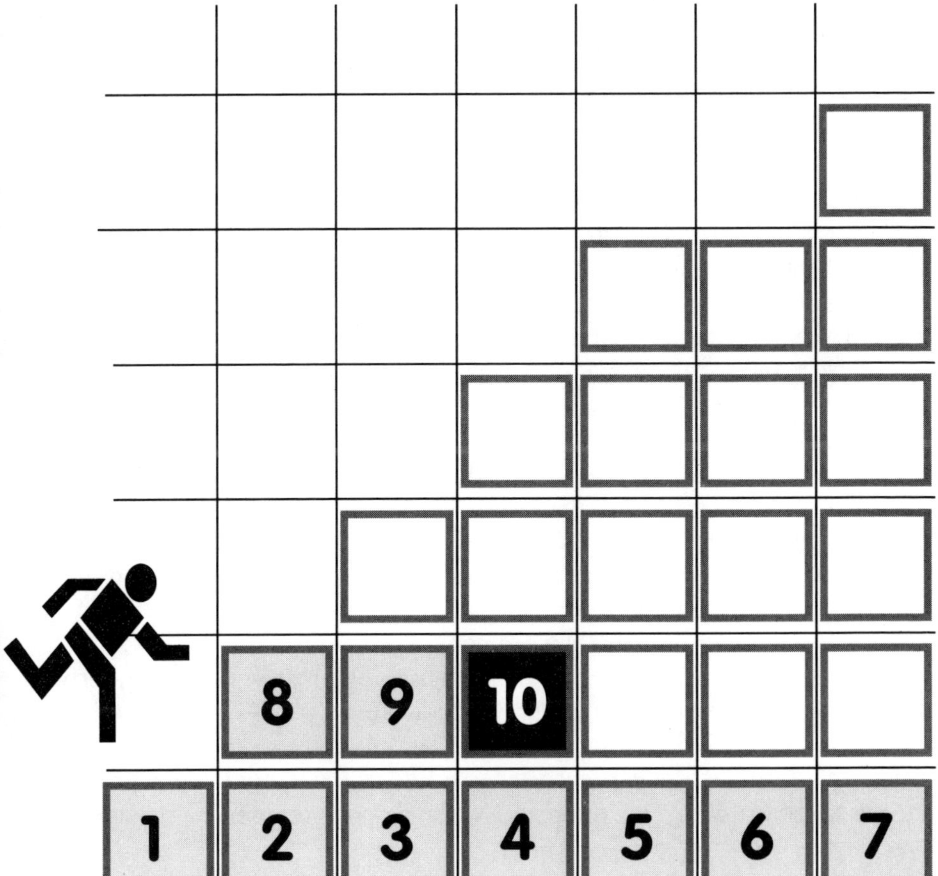

Wie lange schaffen Sie es, im Büro oder zu Hause, ungestört und konzentriert zu arbeiten? 30 Minuten, eine Stunde oder gar noch länger? Für viele Manager ist ungestörtes Arbeiten während der normalen Arbeitszeit ein nicht zu realisierendes Vorhaben; ständig kommen Termine, Gespräche, Mitarbeiter usw. dazwischen und halten von der eigentlichen Arbeit ab. Deshalb werden die ruhigen Stunden, abends nach 19.00 Uhr und am Wochenende, dazu genutzt, diejenigen Arbeiten zu erledigen, die wirklich Konzentration und Ruhe erfordern! Diese Kapitulation vor den Umständen, Sklave seiner Umwelt zu sein, muß nicht so bestehen bleiben, wenn man einiges an seinem Verhalten verändert.

All die externen Störfaktoren unter Kontrolle zu bekommen ist eine der Schlüsselfähigkeiten für bessere Konzentration. Dabei geht es selbstverständlich nicht darum, alle Störungen zu eliminieren; Mitarbeitergespräche, kurzfristig einberufene Termine und Erledigungen für den Vorgesetzten können und sollen nicht vermieden werden – dies sind nun einmal elementare Bestandteile der Arbeit vieler Manager. Es geht darum, die *Kontrolle* über die Störungen zu haben und diese aktiv zu handhaben!

Glücklicherweise gehört die Aneignung dieser Fähigkeit zu den verhältnismäßig einfachen Trainingseinheiten des Marathonplans!

Voraussetzung ist aber die Verinnerlichung des Prinzips der Selbstverantwortlichkeit (siehe Trainingseinheit 3)! Übertragen auf die externen Störpotentiale gilt es zu akzeptieren, daß jede Störung Ihr persönliches, individuelles »Problem« darstellt. Denn nur dann, wenn diese Eigenverantwortlichkeit angenommen wird, kann man auch selbst aktiv werden und die momentane Störung oder Störquelle beseitigen beziehungsweise kontrollieren.

Das Vorgehen bei externen Störfaktoren:

1. Erkennen der unterschiedlichen externen Störfaktoren.
2. Bewußtmachen der Eigenverantwortlichkeit für alle Störungen, die auf Sie einströmen.
3. Störungen unter Kontrolle bringen.
4. Externe Störfaktoren nicht zulassen beziehungsweise verhindern, daß sie bis in das Bewußtsein vordringen.

Auch an dieser Stelle verweise ich darauf, daß das Nichtzulassen der Störfaktoren (interner wie externer Art) in Trainingseinheit 12 behandelt wird!

Lassen Sie uns die wesentlichen externen Störfaktoren festhalten:

A. Geräusche

Hierunter fällt im besonderen das Telefon, das uns täglich in schöner Regelmäßigkeit aus dem »Schlaf der Konzentration« reißt. Auch ganz banaler Straßenlärm und Umweltgeräusche aller Art, wie zum Beispiel das Klappern der Klimaanlage oder der Wind, der um die Ecken pfeift, sowie der Fernseher und das Radio können hier genannt werden. Jeder hat seine individuellen Störgeräusche.

B. Menschen

Hierunter fallen alle personalisierten Störungen wie die Unterbrechung durch den Vorgesetzten, das nicht ruhigzustellende Kind, der Partner mit immer neuen Feststellungen, die Fragen und Bemerkungen von Mitmenschen …

C. Umstände

Täglich werden durch unerwartete Vorkommnisse Störungen initiiert: die kurzfristig einberufene Abteilungsbesprechung, der vorgeschobene Termin, der knurrende Magen, ein vergessener Vorgang usw.

D. Gerüche, Gefühle, Bilder

Damit meine ich Störungen wie zum Beispiel die durch die Gänge ziehenden Schwaden von Parfum oder »Ankündigungen« aus der Kantine; Beeinträchtigungen durch überhitzte Räume oder klirrende Kälte; der Blick in des Nachbarn Wohnzimmer!

Fühlen Sie sich für alle diese Störungen nun selbst verantwortlich? Nehmen Sie das Beispiel Telefon! Das klingelt nun einmal ohne unser Zutun und beendet die Konzentration auf einen Vorgang bereits mit dem ersten Klingeln!

Richtig! Aber wer ist dann für die Störung verantwortlich? Der Telefonapparat selbst oder vielleicht der Anrufer; der Vorgesetzte oder gar die Bundespost? Egal, wem Sie versuchen die Verantwortung (Schuld) für das Klingeln des Telefons zu geben, die Störung selbst bleibt in jedem Fall bei Ihnen hängen!

Wie sieht es mit der Aussage einer Mutter aus: »Mit einem 15 Monate alten Kind kommen Sie nicht zur Ruhe! Konzentriertes Arbeiten ist da nicht möglich, ein Kind braucht nun einmal die ganze Aufmerksamkeit der Mutter.« Wer ist für diese Situation verantwortlich? Das Kind, der Rabenvater, die Natur oder unser Gesellschaftssystem – nein, es ist das Problem der Mutter selbst!

Nur wer diese und andere Störungen auf die eigene Kappe nimmt, kann sich dieser auch aktiv entledigen oder die Situation an sich verändern. Nur der Aktive kommt im Leben weiter, der Passive wartet unter Umständen lange auf Veränderungen.

Was machen Sie dann mit dem klingelnden Telefon: Hörer neben das Gerät legen, Kabel aus der Wand reißen, Anrufbeantworter einschalten, auf den Apparat der Sekretärin umschalten, Oropax ins Ohr, Unterlagen zusammenpacken und zum Beispiel im Besprechungszimmer weiterarbeiten? Schon ist die externe Störung beseitigt. (Vorsicht: Definieren Sie Störung dabei nicht falsch! Bei einer Empfangsdame gehört die Entgegennahme von Telefongesprächen zur Arbeitsplatzbeschreibung, ist also gar keine externe Störung.)

Und das Problem des nicht ruhigzustellenden Kindes: Kopfhörer auf, Kinder zum Spielen in den Keller schicken, mit anderen Müttern abwechselnd mehrere Kinder betreuen, stundenweise einen Babysitter besorgen, zweimal wöchentlich den Vater in die Pflicht nehmen ... Das Schaffen von stundenweisen Ruheinseln für konzentriertes Denken sollte meiner Meinung nach für jede Mutter möglich sein. Wollen Sie als Mutter aber Ihr Kind vollkommen ausschalten, dann hätten Sie diese »Störung« besser schon im Keime erstickt!

Diese Mutterproblematik kann man in ihrer vielfältigen Ausprägung im Leben sehr schön beobachten: Viele Mütter sind regelrecht die Sklaven Ihrer Umstände, sprich Kinder. Diese Frauen warten normalerweise 17 Jahre auf eine Besserung der Situation; bis nämlich der oder die Kleine das Elternhaus verläßt und eine eigene Wohnung bezieht. Dann hat man endlich wieder ein störungsfreies (meist deprimierendes) Zuhause!

Einige andere Frauen lassen sich durch ein Kind nicht jahrzehntelang total einschränken – sie handeln und schaffen sich die Freiräume für konzentrierte Beschäftigungen.

Der Wochenplan

1. Tag: Verfolgen Sie Ihren Tag – welchen externen Störquellen sind Sie ausgesetzt?
Geräusche: ______________________
Menschen: ______________________
Umstände: ______________________
Gefühle, Gerüche, Bilder: ______________________
Sonstiges: ______________________
Erfassen Sie die am häufigsten vorkommenden Störquellen.

2. Tag: Beginnen Sie die »Störer« unter Kontrolle zu bringen, bei denen Ihre Selbstverantwortlichkeit offensichtlich ist (Telefon, Fernseher, Radio …).

3. Tag: Bearbeiten Sie die externen Störfaktoren, die mehrmals auftreten, zuerst!

4. Tag: Gehen Sie eine externe Störquelle an, die nur durch eine unangenehme, mutige Handlung von Ihnen in den Griff zu bekommen ist. (Wenn es denn zum Beispiel die ständige Störung durch Ihren Chef ist, übernehmen Sie auch hier die Verantwortung.)
Sprechen Sie Ihr Gegenüber darauf an, daß Sie die Störung als Ihr eigenes Problem ansehen und deshalb aktiv werden und nach einer Lösung suchen. Legen Sie sich einen stichhaltigen Argumentationsleitfaden zurecht: Wenn der Chef aus Langeweile ständig vorbeikommt, argumentieren Sie aus seiner Sichtweise; er ist interessiert an Arbeitsergebnissen, an Leistungssteigerung, an Termineinhaltung, an Mitarbeiterzufriedenheit etc.).

5. Tag: Signalisieren Sie Ihrer Umgebung, wann Sie ungestörte Konzentrationsphasen einzulegen gedenken. Setzen Sie deutliche Signale (geschlossene Tür, rotes Schild, festgelegte Uhrzeit von 9.00 – 11.00 Uhr ...), während derer nur Notfälle zugelassen sind!

6. Tag: Akzeptieren Sie Störungen oder handeln Sie! Versuchen Sie nicht, gezwungenermaßen Störungen anzugehen, die gerechtfertigt sind oder mit denen Sie im Grunde gut leben können (das Gespräch des Zimmerkollegen, das »Guten-Tag«-Sagen von Mitarbeitern usw.). Konzentrieren Sie sich auf das Wesentliche!

7. Tag: Teilen Sie Ihren Arbeitstag möglichst in Phasen konzentrationsfördernder Ruhe und offener Verfügbarkeit und Ansprechbarkeit ein! Faustregel: ⅓ geschlossene Ruhe, ⅔ offene Betriebsamkeit.

1/3 ungestörte Denkzeit
2/3 offenes Ohr

Das Marathon-Prinzip

11

Zyklen beenden

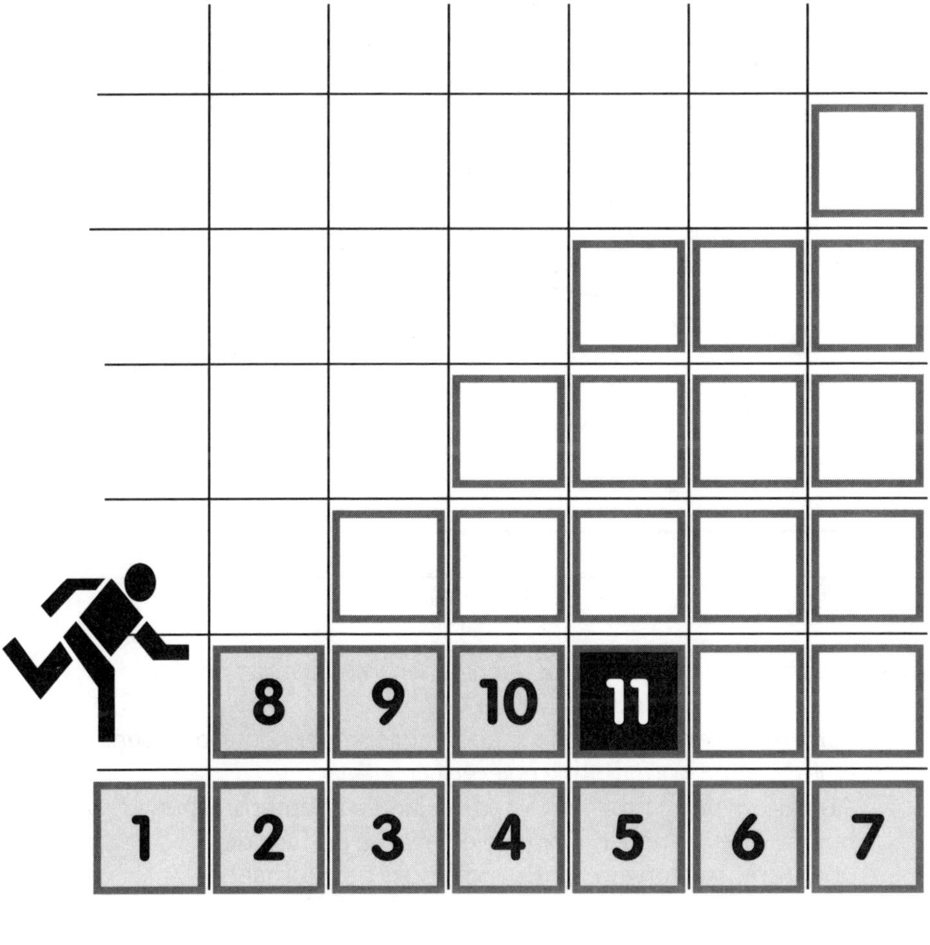

Wann haben wir bei der täglichen Arbeit die höchsten Erfolgsgefühle, lehnen uns zufrieden zurück und genießen das Ergebnis? Ganz klar! Wenn etwas wie geplant funktioniert hat, wie zum Beispiel ein Geschäftsabschluß, das Finden einer technischen Lösung, die Fertigstellung eines Projekts, eine geglückte Maßnahme etc. (und natürlich bei Gehaltserhöhung und Beförderung).

Und wann ist der Frust am größten? Wenn nichts vorangeht, keine Fortschritte erzielt werden, immer neue Schwierigkeiten und Pannen auftauchen; Vorgesetzte, Mitarbeiter und Kunden sich querstellen …

In dieser Trainingseinheit werden wir uns darauf trimmen, mehr Erfolgserlebnisse zu produzieren als bisher. Häufig dreht man nämlich bereits vor Erreichen des gewünschten Ergebnisses ab und richtet die Konzentration auf andere Handlungen – Denk- und Arbeitszyklen werden nicht beendet.

Ziel dieses Kapitels ist es, Denk- und Arbeitsabläufe nur dann zu beginnen, wenn sie auch beendbar sind. Zyklen werden ähnlich einem Kreis zu Ende gezogen und nicht auf halber Strecke abgebrochen.

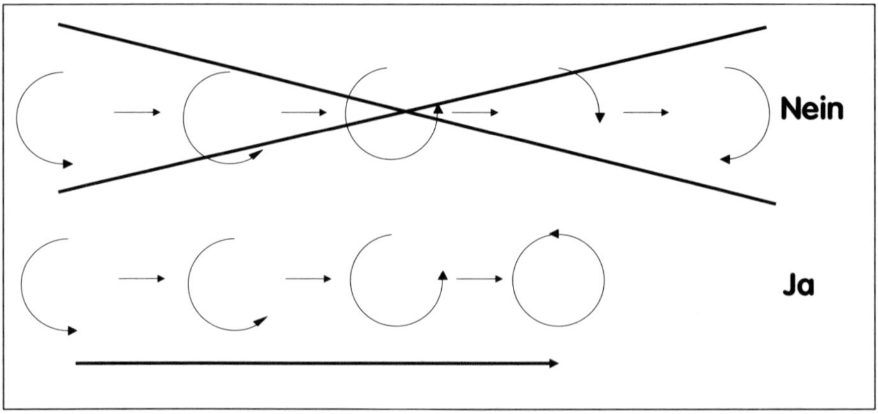

Das Vorhaben der beendeten Zyklen gehen wir wie folgt an:

1. Auflisten aller begonnenen, aber abgebrochenen Vorhaben. Bewußtmachen von »Rohrkrepierern«!
2. Aufzeigen der Ursachen für die Handlungsunterbrechung beziehungsweise bei neuen Zyklen die kritische Prüfung der Bedingungen und Voraussetzungen zur Beendbarkeit des Vorhabens.

3. Bei Bedarf Festlegen von Teilzyklen (bei umfangreichen Projekten).
4. Wird ein Zyklus begonnen, dann wird er bis zum Ende durchlaufen!

Ein ganz normaler Arbeitstag im Leben des Herrn Maier: Mit Zeitplanbuch ausgerüstet, plant Herr Maier die Vorhaben des Tages. Er stellt sich eine Liste mit 5 Aktivitäten zusammen, die heute zu erledigen sind. Denn ausgestattet mit klar formulierten Vorhaben, kann er seine Zeit besser einteilen (was wir im zweiten Trainingsabschnitt »Die Macht der Vorstellung« bereits verinnerlicht haben). Trotz dieser guten Ansätze macht er einen entscheidenden Fehler.

Herr Maier beginnt mit der ersten und wichtigsten Arbeit, der Erarbeitung eines Präsentationskonzeptes für die morgige Tagung. Nach einer Stunde kommt er nicht mehr so recht voran, er grübelt über Formulierungen, verliert den roten Faden und beschließt schließlich, diese Arbeit zu unterbrechen und nachmittags daran weiterzumachen. Mit Elan geht es an das zweite Vorhaben: Analyse eines Marktforschungsberichtes. Herr Maier vertieft sich in die Auswertung – nach 30 Minuten kommt Kollege Huber, um ein wichtiges Problem zu erörtern. Na gut, der Bericht kann warten, ist nicht brisant und außerdem recht mühsam zu lesen! Nach diesem Gespräch wird es Zeit, sich an die Reisekostenabrechnung und den Besuchsbericht zu machen, um eine schnelle Abwicklung zu ermöglichen. Nach dem Sortieren aller Belege und der Berechnung der gefahrenen Kilometer fällt Herrn Maier ein, daß Frau Becker, die für ihn zuständige Dame in der Rechnungsprüfung, heute Urlaub hat. Also zurück mit den Belegen in die Schublade ...

Was passiert an diesem Tag mit Herrn Maiers Konzentration? Nach jeder abgebrochenen Handlung versucht er, 100-Prozent-Konzentration auf die folgende Arbeit zu richten. Das wird ihm nicht gelingen! Denn zumindest im Unterbewußtsein werden unerledigte Zyklen weiterverarbeitet, so daß nach dem ersten Abbruch unter Umständen nur noch 80 Prozent und nach dem zweiten Scheitern nur noch 70 Prozent Aufmerksamkeit für die dann folgende Aufgabe zur Verfügung steht. Er wird es sich mit dem wiederholten Wegschieben von Arbeiten immer schwerer machen, sich auf eine Sache zu konzentrieren.

Dieses (krasse) Beispiel zeigt die Problematik auf: Oftmals läßt man sich verleiten, bereits begonnene Vorhaben zu unterbrechen und mit anderen Aktivitäten fortzufahren. Die Folge ist Frust! Abends stellt man dann befriedigt fest, alle Vorhaben begonnen zu haben (ein schönes Alibi für das Gewissen), weiß aber doch genau um die Erfolglosigkeit des Tuns!

Was sind nun die Ursachen für ständige Unterbrechungen von bereits begonnenen Handlungen:

A. Die Beschäftigung mit dem Vorhaben ist unangenehm und macht keine Freude.
B. Die Erledigung des Vorhabens ist an keinen Termin gebunden, kann also leicht aufgeschoben werden.
C. Zur Erledigung fehlen wichtige Informationen: Die an der Aufgabe Beteiligten sind nicht erreichbar oder sind mit der Bereitstellung von Daten im Verzug.
D. Die Umstände erlauben es nicht, das Vorhaben zu beenden.
E. Das Vorhaben erstreckt sich über einen längeren Zeitraum.
F. Man ist mit dem Ergebnis noch nicht zufrieden und möchte das Problem noch einmal überschlafen oder das bisher Vollbrachte sich setzen lassen, um es abschließend zu beurteilen.

Die einzige Ursache für berechtigtes Abweichen vom Prinzip der Zyklenbeendigung ist der letzte Grund, Punkt F. Ausnahmen bestätigen die Regel, und so gibt es immer wieder Handlungen, die besser nicht abschließend zu behandeln sind, um unter Umständen zu einer noch überlegeneren Lösung zu gelangen (wenn zum Beispiel das Strategiepapier noch nicht vollkommen schlüssig ist oder einem Entwurf der letzte Schliff fehlt).

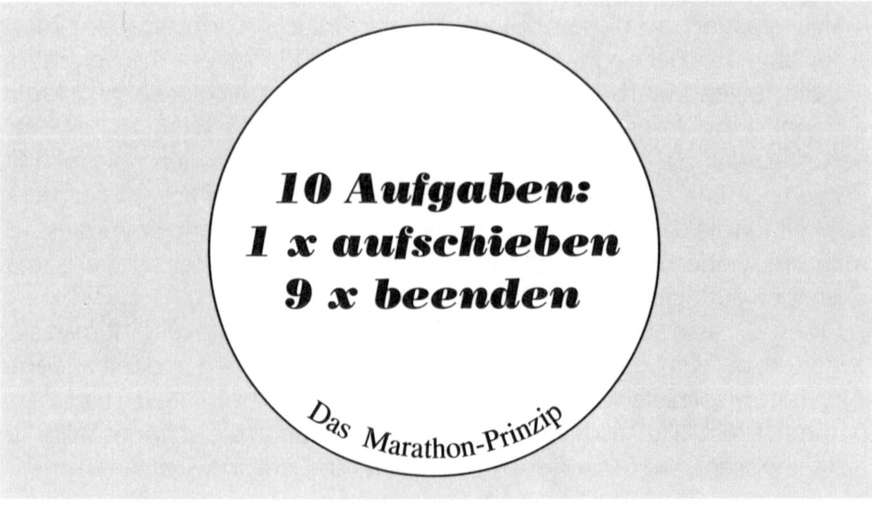

Es läßt sich aber festhalten, daß die Faustregel gilt: 9 von 10 Vorhaben sind beendbar! Meist ist einer der oben angesprochenen Gründe für den Aufschub verantwortlich.

Oftmals sind es eben die unangenehmen, nervenden Dinge (A), die aufgeschoben werden. Besonders das Unangenehme sollte man aber schnellstmöglich vom Tisch kehren, da diese Vorhaben doppelt auf das Gemüt schlagen und den ganzen Tag verderben können.

Die Dringlichkeit (B) des Vorhabens sollte keinen Einfluß auf die Beendigung des Arbeitszyklus haben. Wenn Sie etwas beginnen, dann beenden Sie es auch – oder man fängt damit gar nicht erst an! Auch fehlender Input (C) ist kein Grund, aufzugeben. Man muß dann eben bereits vor Beginn der Aufgabe hinterfragen, ob wichtige Informationen eingeholt werden müssen. Ist dies nicht möglich (Kollege im Urlaub, Daten müssen angefordert werden ...), dann kann das Vorhaben ganz und gar zurückgestellt werden – es ist ja heute ohnehin nicht abschließend zu behandeln!

Die Umstände (D) gestalten Sie selbst, sie sind als Ursache also zu eliminieren! Siehe Trainingseinheit 3 »Aktives Handeln«.

Auch sich über einen längeren Zeitraum erstreckende Projekte (E) sind kein Grund für einen Zyklusabbruch! So wie man die persönlichen Jahresziele in Teilziele (pro Tag) herunterbrechen kann, ist auch das umfangreichste Projekt in Teilschritte gliederbar, die beendbar sind.

Der Wochenplan

1. Tag: Analysieren Sie die vergangenen Tage. Listen Sie alle Vorhaben auf, die vor Beendigung unterbrochen wurden! Erstellen Sie 2 Listen:
- berufliche Aktivitäten
- private Vorhaben: zum Beispiel sich über einen Urlaubsort informieren, die Bankgeschäfte ordnen, ein Buch lesen, einen Film sehen ...

  Beobachten Sie sich heute: Brechen Sie Handlungen vorzeitig ab?

2. Tag: Finden Sie Ursachen für die unbeendeten Zyklen. Welche Aktivitäten lassen sich mit dem Argument des »darüber muß ich noch einmal schlafen« rechtfertigen?

3. Tag: Beginnen Sie damit, die unangenehmen Vorhaben zu beenden. Selbstverständlich geordnet nach Wichtigkeiten und Terminvorgaben!

4. Tag: Definieren Sie für längerfristige Projekte beendbare Teilzyklen.
Achten Sie darauf, daß Sie bei Beginn der Beschäftigung mit einem der Teilschritte eine klar definierte Endemarke (Erfolgsmarke) setzen! Arbeiten Sie, bis die Endemarke erreicht ist.

5. Tag: Während des Zeitraums von 8.00 – 12.00 Uhr gilt:
- Jeder begonnene Zyklus wird auch beendet!
- Ausreden gibt es nicht. Sollte etwas aufgrund unvorhersehbarer Umstände nicht beendbar sein, haben Sie selbst schuld!
- Verhindern Sie möglichst das nicht Vorhersehbare. (Und: Es kann selbstverständlich doch vorkommen, denn Ausnahmen bestätigen die Regel!)

6. Tag: Heute wird der Zeitraum auf 8.00 – 18.00 Uhr ausgedehnt. Verzichten Sie besser auf eine Erledigung, wenn die Wahrscheinlichkeit der Beendigung unter 50 Prozent liegt. Und: Halten Sie sich den morgigen Abend frei!

7. Tag: Heute werden alte Zyklen (privat wie beruflich) »ohne Rücksicht auf Verluste« beendet! Und wenn Sie dafür um 22.00 Uhr noch am Schreibtisch sitzen sollten! Ausreden zählen nicht!

12

Das 5-Sinne-Denken

Konzentration hatten wir zu Beginn des Trainings mit »Bündelung der Aufmerksamkeit« umschrieben. Worin bestehen denn nun eigentlich die Werkzeuge der Aufmerksamkeit, die uns helfen sollen, gebündelt zu denken?

Der Mensch hat genau 5 Eingangskanäle, durch die Informationen geschleust werden und in das Gehirn gelangen können.

Unsere 5 Sinne sind:

- Sehen
- Hören
- Riechen
- Tasten
- Schmecken

An diesen Eingängen werden die ankommenden Informationen ungeprüft eingelassen, was zur Folge hat, daß auch als störend empfundene Neuankömmlinge uns ablenken. Unsere Konzentration wird also durch eine Vielzahl von Sinneswahrnehmungen ständig unterbrochen.

Ziel dieser Trainingseinheit wird es sein, unsere Sinnespforten mit einem Wächter auszustatten, der nur gebetene Gäste einläßt und sonst die Tore geschlossen hält.

Um die Technik des 5-Sinne-Denkens zu verinnerlichen, gehen wir wie folgt vor:

1. Alle 5 Sinnesorgane auf Empfang schalten und bewußt einsetzen.
2. Die Vorstellung mit Sinneswahrnehmungen anreichern, um eine Mehrdimensionalität des Denkens zu erreichen.
3. Bündelung aller Sinne auf den aktuellen Denkvorgang, um einen möglichst intensiven Eindruck zu gewährleisten und Störungen a priori auszuschalten.

Selbstverständlich kennen wir unsere 5 Sinne, gebrauchen wir sie doch täglich und nutzen sie als ständige Helfer, die Welt zu begreifen! Achtet man aber etwas genauer auf den Sinneseinsatz der Menschen, dann kann man feststellen, daß meist nur ein Bruchteil der Sinneswerkzeuge aktiv

genutzt wird. Die Rezeptoren werden nur oberflächlich eingesetzt. Viele Menschen haben lediglich einen, 2 oder vielleicht auch 3 Sinne auf »aktiven Empfang« geschaltet, während die anderen brachliegen.

Der Einfluß der Sinne

Wir wollen nun alle unsere 5 Sinne schärfen, um unser Denken wirklich mehrsinnig auszuprägen und als Folge die Konzentrationsfähigkeit besser kontrollieren zu können. Die 5-Sinne-Wahrnehmung wird später auch noch bei der Kreativitätsentfaltung ein wichtiger Baustein sein.

1. Sehen

70 Prozent der Sinnesrezeptoren des Körpers liegen in den Augen. Das Sehen ist unter lerntechnischen Aspekten unser wichtigstes Sinnesorgan: Über ⅔ aller Informationen nehmen wir über die Augen auf.

Unsere Augen benutzen wir täglich, fast ohne Unterbrechung. 2 Augen sind notwendig, um räumlich zu sehen. Bei Raubtieren, wie der Mensch eines ist, liegen beide Augen nach vorne gerichtet, um das Opfer besser fixieren zu können. Beutetiere dagegen haben die Augen an der Seite des Kopfes, um möglichst alle Himmelsrichtungen auf gefährliche Feinde hin beobachten zu können.

Nun haben sich die Menschen aber weiterentwickelt und fangen ihre Beute heute unter Einsatz vieler technischer Hilfsmittel – mit der Folge, daß die visuelle Wahrnehmung immer ungenauer und oberflächlicher geworden ist. Wir sehen zwar vieles, übersehen dabei jedoch unter Umständen wichtige Details.

Probieren Sie es aus: Stellen Sie sich Ihren Lebenspartner, die Mutter oder auch einen Arbeitskollegen vor. Sie haben diesen Menschen schon häufig angesehen. Malen Sie sich nun das Gesicht dieser Person in allen Details vor Ihrem geistigen Auge auf: Haare, Falten, Augenbrauen, Lippen, Pupillen, Backen, Teint, Ohren etc. (der Lebenspartner sollte perfekt nachvollziehbar sein, machen Sie die gleiche Übung mit einer weniger vertrauten Person). Vermutlich werden Sie feststellen, daß Sie einige markante Gesichtsmerkmale übersehen haben.

Unsere visuelle Wahrnehmung ist oftmals sehr oberflächlich; es gilt, sich wieder mehr »bewußte und detaillierte Sehkraft« anzugewöhnen.

2. Hören

Unsere Ohren sind nicht nur zum Hören da, sondern auch für das Halten des Gleichgewichtes verantwortlich. Im Innenohr informieren halbkreisförmige Kanäle (3 mit Flüssigkeit gefüllte Röhren) das Gehirn, wann und wie sich der Kopf bewegt. Das funktioniert so wie ein mit Wasser gefülltes Glas, das gedreht wird. Hält man das Glas an, bewegt sich das Wasser weiter – wir erleben das nach Verlassen eines Karussells oder dem Tanzen eines Wiener Walzers, indem uns auf festem Boden schwindelig wird.

Das Hören ist nach dem Sehen der zweitwichtigste Eingangskanal, über den wir Informationen aufnehmen. Circa 25 Prozent des Lernens geschieht durch Hören.

Geräusche werden durch die Vibration von Luftmolekülen ausgelöst (ähnlich der Menschenmenge beim Fußballspiel, die sich wellenartig bewegt und zusammengedrückt wird). Geräusche bewegen sich sehr viel langsamer voran (335 Meter/Sekunde) als etwa Licht (299 274 Kilometer/Sekunde). Denken Sie dabei an die Zeitverzögerung von Blitz und Donner!

Über unsere Ohren gelangen nun eine Vielzahl von Informationen in das Gehirn. Ein Großteil davon sind aber die Konzentration störende

Geräusche, wie wir bereits bei den externen Störfaktoren festgestellt haben. Und diese Störgeräusche überdecken immer wieder Töne, die für unseren Denkprozeß von Bedeutung sind; oder aber wir hören schlicht zu oberflächlich, »überhören« wesentliche Informationen!

Achten Sie einmal bei einer Unterhaltung darauf: Haben Sie den Namen des Gesprächspartners und die Inhalte akustisch verstanden? Achten Sie bewußt auf die Stimmlage und die Betonungen des Gesprächspartners?

Im Dschungel der Geräusche müssen wir uns selektives, bewußtes Hören antrainieren, damit das Gehirn nicht taub wird!

3. Riechen

Täglich atmen wir über 17 000mal (durchschnittlich atmen wir 2 Sekunden ein und 3 Sekunden aus) und bewegen dabei 12,5 m^3 Luft. In unserer Nase haben wir 5 Millionen Riechzellen, die ankommende Duftmoleküle absorbieren und als Impulse an das Geruchszentrum im Gehirn weiterleiten. Die Riechzellen in der Nase sind die einzigen Neuronen, die ständig erneuert werden. (Im Gegensatz dazu sind zerstörte Gehirnzellen, Sehzellen oder Neuronen in den Ohren irreparabel.)

Der Geruchssinn gibt uns unzählige Möglichkeiten, die Realität zu erfassen: Denken Sie nur an eine Bäckerei, ein Tabakgeschäft, einen Bauernhof, eine Parfümerie oder an Kirchen und Fitneß-Center! Augenblicklich helfen uns »Geruchsvorstellungen«, den Gedanken zu intensivieren.

Benutzen wir unseren Geruchssinn auch dementsprechend? Oft beschränkt sich das bewußte Riechen auf penetrante »Störgerüche«; die große Vielfalt der sonstigen Gerüche wird dabei meist unterdrückt.

Haben Sie an die morgendliche Fahrt ins Büro eine »Geruchserinnerung«? Die Düfte der Bäume, des Rasens, Abgase, Parfums, der Innenraum Ihres Wagens, die Tageszeitung, der Geruch im Fahrstuhl …

4. Tasten

Unser Tastsinn wird über die Haut abgewickelt. Auf circa 1,7 m^2 Fläche nehmen wir über die Haut Informationen auf. Dabei können wir 4 Arten von Rezeptoren unterscheiden: Hitze, Kälte, Schmerz und Druck.

Interessanterweise ist der Tastsinn für die zwischenmenschlichen Beziehungen von großer Bedeutung. Untersuchungen haben ergeben, daß das Berühren anderer Menschen häufig zu stark positiven Reaktionen führt. Tendenziell berühren zuerst höhergestellte Personen, die damit beim

Berührten wohl Nähe, Geborgenheit, Übereinstimmung und ähnliche Gefühle auslösen.
Über unseren Tastsinn werden wir häufig in unserer Konzentration gestört! Ein zu kalter Raum, überhitzte Büros, das kratzende Hemd oder der drückende Schuh können uns stark behindern.

5. Schmecken

Haben Sie einen guten Geschmack? Diese oft gestellte Frage richtet sich an Menschen, die das Leben auf ihre ureigene Weise erprobt und hinterfragt haben, dabei einiges wundervoll, aber auch vieles zu vulgär oder gar obszön finden.

Der Geschmack ist ein individueller und intimer Sinn. Erstmals schmeckt der Mensch die Muttermilch, der Geschmack wird im Familienkreis beim Essen und später auf Festen kultiviert. Gute Geschäfte werden beim Essen gemacht. Erwachsene haben im Mund circa 10 000 Geschmacksknospen mit je 50 Geschmackszellen für die 4 Geschmacksrichtungen: salzig, sauer, süß und bitter.

Die Feststellung »Das Essen hat vorzüglich geschmeckt« begründet sich aber nicht nur aufgrund der Meldung der Geschmackszellen an das Gehirn. Das Aroma eines Lebensmittels setzt sich aus mehreren Eigenschaften und Wahrnehmungen zusammen: der Beschaffenheit, dem Duft, der Temperatur, der Farbe, den Kaugeräuschen, der Schärfe u. a.

Beim Geschmack lassen sich deutliche Unterschiede bei der Inanspruchnahme der Sinne beobachten: Vom Feinschmecker, der nach der Devise »Liebe geht durch den Magen« lebt, bis zum Geschmacksbanausen, dem es schlicht auf das Sättigungsgefühl ankommt, hat jedermann seine Geschmacksantenne mehr oder weniger ausgefahren und auf Empfang gestellt.

Die Intensität der Sinne

Wir wollen nun versuchen, alle unsere 5 Sinne auf Empfang zu schalten und bewußt einzusetzen!

Die Erlebnisintensität der Sinne ist in hohem Maße davon abhängig, worauf die Aufmerksamkeit gerichtet ist und mit welchem Ausmaß die Sinne in der Vorstellung eingesetzt werden.

So kann Schmerzempfindung ausgeschaltet werden, indem die Aufmerksamkeit vom eigenen Ich abgelenkt wird – der Tastsinn reagiert nicht auf tatsächliche Vorgänge! Die Fähigkeit, barfuß über glühende Kohlen zu laufen, liegt unter anderem darin begründet, sich intensiv vorzustellen, die Kohlen seien eiskalt. Auch das Gehör läßt sich manipulieren: Zum Beispiel hören Sie bei einem intensiven Flirt in einer Disco nur die Stimme des Gegenübers, während die dröhnende Musik nicht wahrgenommen wird.

Sogar der Sehnerv kann Bilder zugespielt bekommen, die in Wirklichkeit so nicht existieren: Denken Sie an Menschen, die Löcher in die Luft starren! Sie sehen dann bestimmte Gedankenbilder in der Vorstellung so deutlich, daß das reale Bild nicht mehr wahrgenommen, ja überdeckt wird!

Wir können also mit unseren Sinnen »spielen«. Die Vorstellung ist das Kino unserer Gedanken. Gelingt es nun, den Denkprozeß mit allen 5 Sinnen auszugestalten, dann ist der Kopf abgeriegelt, alle Eingangstüren geschlossen, und die Gedanken werden mit 100-Prozent-Konzentration erlebt. Störfaktoren werden jetzt nicht mehr eingelassen!

Denken wir beispielsweise an unser Automobil mit allen Sinnen: Sehen Sie den Wagen in allen Details deutlich vor sich (vor Ihrem geistigen Auge); hören Sie den Motor, das Türengeräusch, quietschende Reifen ... (in Ihrer Vorstellung); riechen Sie die frostschutzdurchtränkte Scheibenwischerflüssigkeit, die Abgase, den Benzindampf beim Tanken ...; fühlen Sie das Lenkrad (Leder, Plastik oder Holz), die Stoffbezüge, den Reifen ... und –

5-Sinne-Denken
=
das Kino unserer Gedanken

Das Marathon-Prinzip

es müssen ja nicht immer alle Sinne sein (bei diesem Gedanken gibt es eben nichts zu schmecken)! Denken wir derartig intensiv diesen Gedanken »Automobil«, dann sind wir mit 100-Prozent-Konzentration bei der Sache, und nichts kann uns von diesem Gedanken ablenken!

Der Wochenplan

1. Tag: Schulen Sie die Wahrnehmung Ihrer Sinne! Beobachten Sie Ihre Gesprächspartner, Kollegen und auch Fremde intensiv und detailliert! Hören Sie auf die Stimmen der anderen! Wie ist deren Gemüts- und Gefühlslage? Was wird im Gespräch betont beziehungsweise unterdrückt ausgesprochen? Versuchen Sie jeden Raum und jede Person zu erriechen!
Fühlen Sie bewußt Ihren Arbeitsplatz. Achten Sie beim Händedruck auf Ihren Tastsinn! Welche Personen Ihrer Umgebung berühren andere? Schmecken Sie Ihre Mahlzeiten möglichst intensiv!

2. Tag: Reizen Sie Ihre Sinne in der Vorstellung!
Sehen Sie vor Ihrem geistigen Auge so detailliert wie möglich:
- den Herrn Nachbarn,
- Ihr ehemaliges Klassenzimmer in der Schule und
- den Bahnhof Ihrer Stadt.

(Überprüfen Sie Ihre visuelle Vorstellungskraft durch Betrachten der Realität oder mit Hilfe von Fotos.)
Hören Sie in Ihrer Vorstellung klar und deutlich:
- das Beißen in einen Apfel,
- den Hilfeschrei eines Menschen und
- Ihren Lieblingssong!

3. Tag: Reizen Sie Ihre Sinne in der Vorstellung (Fortsetzung)! Versuchen Sie, folgende Düfte in »der Nase zu halten« (sich vorzustellen):
- einen Weihnachtsbaum,
- das Betreten eines Blumenladens und
- eine Zahnarztpraxis.

Fühlen Sie möglichst intensiv in der Vorstellung:
- die Wärme der Sonne im August,
- das Wasser unter der Dusche, nachdem Sie nur kaltes aufgedreht haben, und
- eine Ohrfeige auf den Hinterkopf.

Versuchen Sie schließlich folgenden Geschmack im Mund zu erzeugen:
- der Biß in eine Zitrone,
- das Kauen von Gummibärchen und
- das Schlecken von Zitroneneis.

4. Tag: Schalten Sie alle 5 Sinne ein und handeln Sie mehrsinnig! Beginnen Sie beim Essen: Den Morgenkaffee kann man intensiv schmecken, aber auch durch die Nase genießen! Hören Sie auf das Schlürfen und fühlen Sie die heiße Flüssigkeit Ihre Lippen berühren. Beachten Sie die Weißfärbung durch Zugabe von Milch …

5. Tag: Denken Sie mehrsinnig! Beginnen Sie beim Lesen und versuchen Sie den Inhalt in Bilder, Töne, Gerüche, Geschmacksrichtungen und Gefühle zu übersetzen. Erleben Sie den Inhalt als Film!

6. Tag: Unterhalten Sie sich mehrsinnig!
Achten Sie auf die Bewegungen des Gesprächspartners (Augen, Arme, Mund …), seine Aussprache (Betonung, Stimmlage, Nervosität…), den Händedruck, das Parfum oder sonstige Ausdünstungen …

7. Tag: Verinnerlichen Sie das 5-Sinne-Denken!
Achten Sie besonders auf den Sinn, welcher Ihnen am häufigsten die Störungen »zuspielt«, und belegen Sie ihn mit Eindrücken, die zum Denkthema gehören!

Mehr-sinnig denken, einzig-artig handeln!

Das Marathon-Prinzip

13

Konzentratio Kreativo/ Das Lösungsfindungsdenken

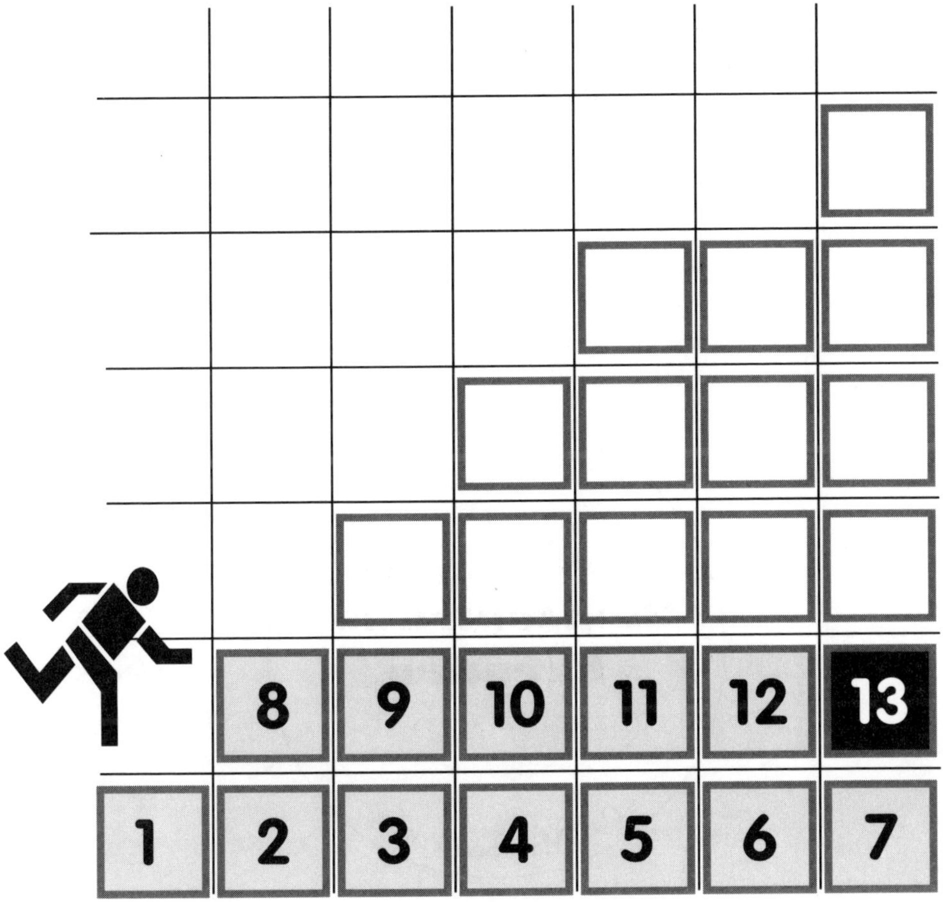

Sind die zurückliegenden Trainingseinheiten zur Konzentrationssteigerung verinnerlicht, dann ist die Selbstbestimmung der Gedanken wiederhergestellt und der Weg frei für den Einstieg in höherwertige mentale Fähigkeiten.

Der Übergang des Trainings vom Ziel der Konzentrationssteigerung zu den kreativitätsfördernden Übungen sollte fließend gesehen werden. Die Maßnahmen gehen ineinander über und sind oftmals anwendbar auf beide Disziplinen!

Der »Kuk-Marathon« geht nun in die entscheidende Phase. Die mentale Fitneß hat sich nach den bis jetzt absolvierten Trainingseinheiten spürbar verbessert, so daß wir topfit weitere »Strapazen« auf uns nehmen können!

Jeder Mensch erdenkt kreative Ideen, Innovationen, Erfindungen etc. Wie eine Idee »produziert« werden kann, sollte man sich einmal klarmachen, um zu verstehen, was dabei in unserem Gehirn vorgeht.

Wir alle haben unglaublich viel Wissen abgespeichert. Wie ist dieses Wissen aber nun abgelegt, wo wird es tatsächlich gespeichert? Schwebt unser Wissen auf einer Wolke im Gehirn? Haben wir eine Festplatte eingebaut oder Disketten, ähnlich dem Speichermedium eines Computers?

Richtig! Die »grauen Zellen« sind das Speichermedium beim Menschen. Unsere Gehirnzellen, im Fachjargon Neuronen, kann man sich wie Schubladen vorstellen, in denen Wissensinhalte abgelegt sind. Von diesen Schub-

laden haben wir nun eine sehr große Anzahl, circa 100 Milliarden. Diese Gehirnzellen sind durch ein weitverzweigtes Netz von Nervenfasern, den Synapsen, miteinander verbunden. Dieses komplizierte System aus Schubladen (Neuronen) und Verbindungskabeln (Synapsen) ermöglicht nun den Denkprozeß. Wissensinhalte, abgelegt in verschiedenen Schubladen, können über die Synapsen miteinander verbunden, zusammengefügt und kombiniert werden, so daß unser Denkvorgang erst ermöglicht wird. Dies erklärt aber vorerst einmal nur die Fähigkeit, bestehendes Wissen zu verarbeiten; wie man neue Ideen generiert, ist damit noch nicht geklärt!

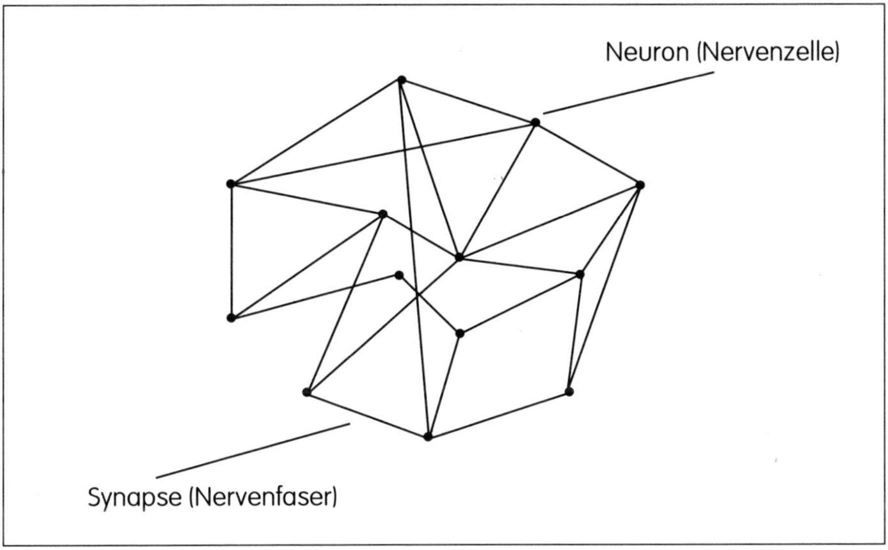

Nun sind Wissensinhalte aber nicht nach einem Ordnungssystem ähnlich der Aktenablage in den Schubladen sortiert, sondern sie sind diffus über die Großhirnrinde verteilt abgelegt. Dabei handelt es sich um viele, in sehr kleine Einheiten zerlegte Wissensbausteine, die nicht nur ungeordnet abgelegt werden, sondern zusätzlich in verschiedenen Schubladen gleichzeitig gespeichert werden. Vereinfacht läßt sich das am Beispiel des Wissenskomplexes »Tisch« so darstellen:

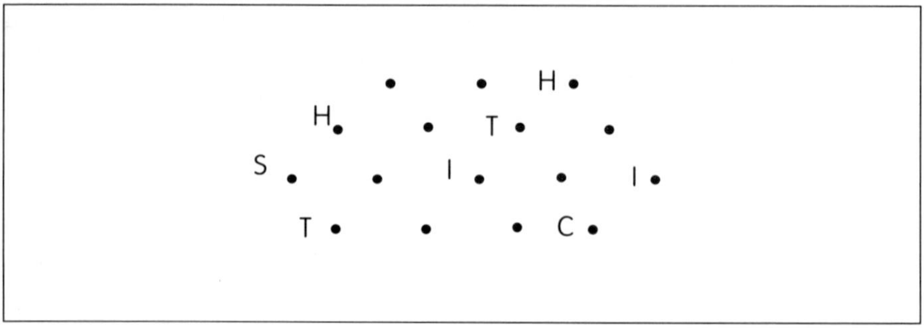

Einzelne Bausteine werden mehrfach abgelegt (ähnlich einer Kopie in verschiedenen Ordnern).

Diese Art der diffusen Verteilung des gespeicherten Wissens, in Verbindung mit einer Vielzahl von identischen Speicherinhalten, ermöglicht jetzt erst Kreativität und Schöpferkraft! So können während des Austauschs von Schubladeninhalten sogenannte Schwingungswechselwirkungen dazu führen, daß sich Wissensbausteine überlappen und völlig neue Sinninhalte ergeben. Damit werden bisher so noch nie gedachte Ideen erzeugt.

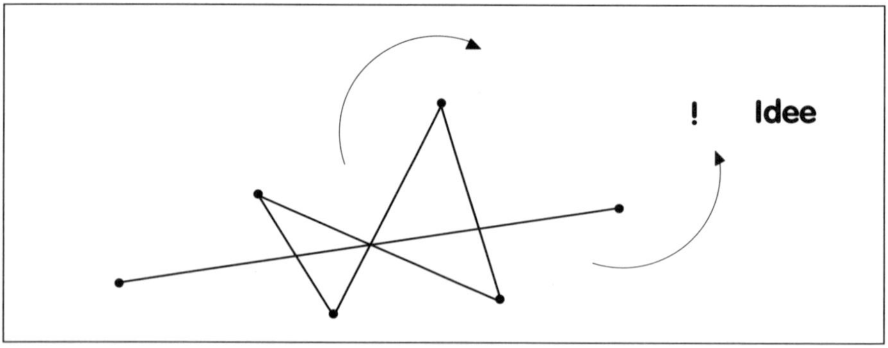

Da diese Geistesblitze normalerweise eher zufällig und sehr selten vorkommen, werden wir uns in den folgenden Trainingseinheiten Schritte erarbeiten, die solche Geistesblitze auf Kommando ermöglichen und herausfordern.

Ich möchte es Lösungsfindungsdenken nennen, um zu betonen, daß es darum geht, zielorientiert Fragestellungen aufzulösen. Das heißt, wir suchen nicht nach der Problemlösung, was ein mehr passives Abklopfen von bestehendem Wissen darstellt. Es geht im Gegensatz dazu darum, durch aktives Suchen, auch über bereits bekannte Ergebnisse hinaus, eine innovative Lösung des Problems zu finden. Dabei erfordert jede Problemstellung eine andere Gewichtung der Grund-Denk-Vorgänge und damit unterschiedliche Problemlösungsmethoden.

Probleme, die mehr mit klar definierten, ableitbaren Abhängigkeiten und Zahlen in Verbindung stehen, wie zum Beispiel in Mathematik, Informatik (EDV), Systemanalyse oder Konstruktion, werden dann mit analytischen Methoden bearbeitet. Beispielhaft seien hierzu die Wertanalyse und die morphologische Analyse als geeignete Methoden genannt. Hier stützt man sich auf klar definierte Formeln und beweisbare Annahmen.

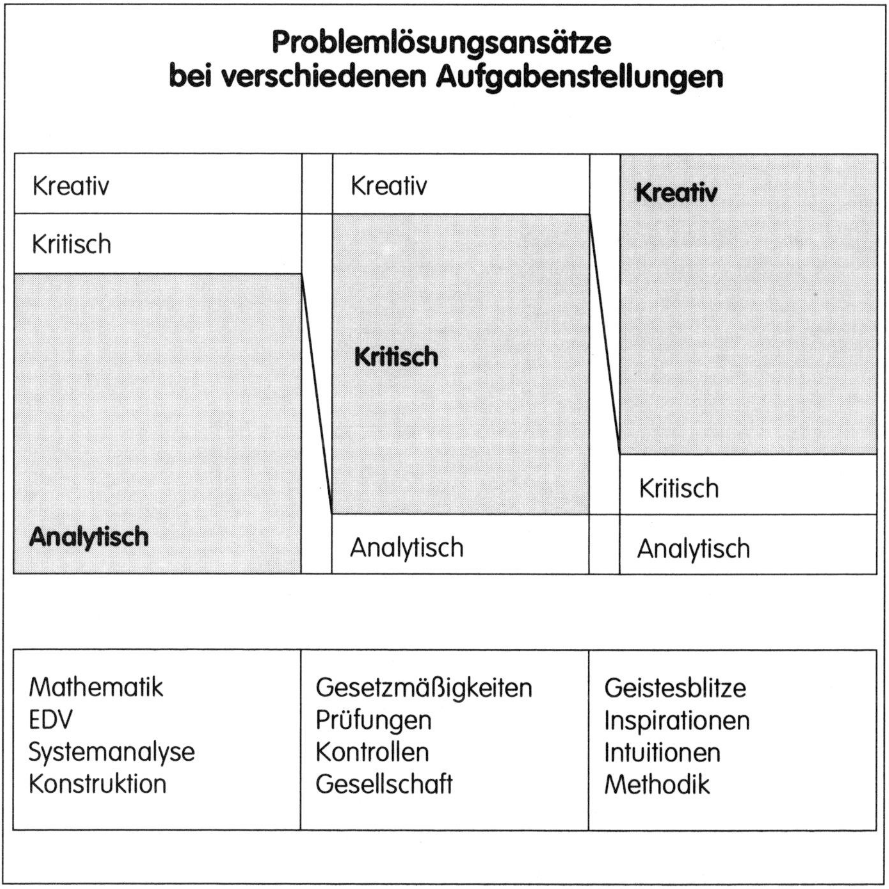

Aufgabenstellungen, bei denen die logische Schlußfolgerung im Vordergrund steht, werden mit Ansätzen des kritischen Hinterfragens behandelt, also in Bereichen wie zum Beispiel Prüfungen, Kontrollen, Gesetzmäßigkeiten (Recht und Steuern) sowie Politik. Man benutzt dabei Methoden wie zum Beispiel die Entscheidungsmatrix oder Checklisten.

Eine dritte Gruppe von Aufgaben umfaßt alle Bereiche, bei denen die schöpferische, grenzenlose Behandlung des Themas erlaubt ist. Die dabei angewandten kreativen Methoden umfassen Problemstellungen wie zum Beispiel intuitive Aufgaben (Marketing, Verkauf), Inspirationen, Produktentwicklung (Produktidee, Design), Menschenführung usw.

Man kann Problemlösungsmethoden schwerpunktmäßig in eine der 3 Kategorien analytisch, kritisch oder kreativ einordnen. Das bedeutet selbstverständlich nicht, daß dann zum Beispiel ein analytisches Problem keinem kritischen oder auch kreativen Hinterfragen unterzogen werden sollte. Jedes Problem hat eine analytische, eine kritische und eine kreative Seite, nur eben in unterschiedlicher Gewichtung (vgl. die Abbildung auf Seite 127).

Das vorliegende Buch befaßt sich insbesondere mit den kreativen Lösungsfindungstechniken. Zu den beiden anderen Bereichen sei auf die entsprechende Literatur verwiesen. Aber zurück zu unseren Geistesblitzen! Was sind denn nun wichtige Voraussetzungen, um diese Ideenproduktion zu ermöglichen? 2 grundsätzliche, den Ideenprozeß fördernde Fähigkeiten wollen wir etwas näher betrachten:

1. das Prinzip »Sei Ursache« und
2. die Teamarbeit.

»Sei Ursache«

Der Anwendung des Prinzips »Sei Ursache« kommt wesentliche Bedeutung zu, wenn man sich einmal klarmacht, wie wir heute häufig Probleme angehen: Der erste Schritt bei der Problemlösung ist dann meist, in der eigenen Denkbibliothek, also dem Gehirn, nach einer abgespeicherten Lösung zu suchen. Wird man nicht fündig, wälzt man in schlauen Büchern nach der Lösung oder befragt Spezialisten, Kollegen und Mitarbeiter. Nach Durchsuchen aller Sekundärquellen kommt man dann zu der Schlußfolgerung, es gäbe eben keine oder keine bessere Lösung zu dem Problem als die vorliegenden Ergebnisse.

Dieses Vorgehen ist sehr passiv und von dem Urteil geprägt, es gäbe ja genügend intelligente Menschen, die vermutlich auch diese Aufgabe schon hinreichend zu Ende gedacht haben – man muß dieses Wissen nur noch aufspüren! Mit dieser Einstellung wird Kreativität geradezu verhindert. Wirklich innovative Ideen können nämlich nur dann entstehen, wenn man sich bewußt von dem aktuellen Wissensstand entfernt und an der Spitze des Suchtrupps Neuland betritt und dort nach der Lösung sucht. Nur wer es schafft, sich selbst als Ursache für das Auffinden eines innovativen Lösungswegs zu betrachten, kann und wird kreativ tätig sein.

Das »Sei Ursache«-Prinzip leitet sich aus den beiden Trainingseinheiten 2 und 3 ab: die Bereitschaft, aktiv und selbstverantwortlich zu handeln, in Verbindung mit der unbedingten Voraussetzung, sich die eigene Innovationsfähigkeit auch in der Vorstellung zu verinnerlichen – das heißt auch, daran zu glauben, kreativ sein zu können. Wenn Sie denken, Sie sind kreativ, dann sind Sie kreativ! So gilt ab sofort folgendes Denkschema:

A. Eine Aufgabe zuerst aktiv und ursächlich, das heißt, losgelöst von bekannten Wissensinhalten, bearbeiten (Primärdenken).
B. Nachfolgend Einbeziehen von bereits vorliegenden, historischen Wissensinhalten (Sekundärdenken).

Warum stellt Teamarbeit eine ideenfördernde Maßnahme dar?

Das Innovationsdenken in Teams potenziert ganz einfach die Möglichkeiten der Schwingungswechselwirkungen und damit die Chance eines Geistesblitzes durch Überlappung von Sinninhalten. Vereinfacht gesagt, werden mehrere Gehirne verknüpft (A, B und C) und auf diese Weise Schubladeninhalte zusammengefügt, die ein einzelner gar nicht zur Verfügung hätte.

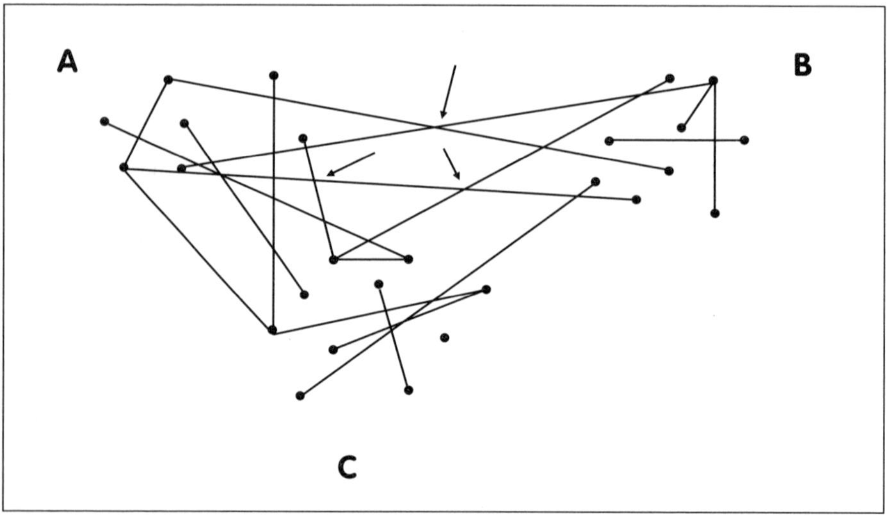

Das Anerkennen der Teamarbeit als kreativitätsfördernde Maßnahme beinhaltet einen weiteren wichtigen Schritt: Kreative Ideen zu produzieren ist das eine, sie auch in der Umwelt (Gesellschaft, Firma, Kollegen etc.) durchzusetzen das andere! Wir kommen noch zu diesem Komplex der Ideenumsetzung, an dieser Stelle nur so viel zu diesem Punkt: Auf sich alleine gestellt, ist es ungleich schwieriger, neue Ideen zu erdenken und sie zu »verkaufen«. Je mehr Menschen Sie an der Idee beteiligen, um so besser und erfolgreicher wird diese Idee sein! Einzelkämpfer ersticken meist in ihrer »Besserwisserei«!

Denn mit einer Idee rennen Sie meist keine offenen Türen ein, sondern müssen erhebliche Barrieren und Widerstände niederreißen, ehe die Anerkennung und Durchsetzung folgt!

Der Wochenplan

1. Tag: Versuchen Sie, Schwingungswechselwirkungen im Gehirn zu generieren und erzeugte neue Ideen zu »bemerken«! Stellen Sie sich eine Aufgabe (zum Beispiel Möglichkeiten neuer umweltfreundlicher Fortbewegungsmittel) und kombinieren Sie dann verschiedene Inhalte – halten Sie die sich ergebenden neuen Ideen schriftlich fest. An dieser Stelle müssen die Ideen noch nicht verarbeitbar sein; wichtig ist es, völlig neue und so noch nie gedachte Sinninhalte zu produzieren!
Schönes Wetter – Arbeiten ➡ Idee: Zum Beispiel bei schlechtem Wetter wird ausschließlich gearbeitet und das Auto stehengelassen; bei schönem Wetter wird möglichst gelaufen, Fahrrad gefahren etc.
Tisch – Tee ➡ Idee: Zum Beispiel ähnlich der (gelben) Zitrone und dem Zucker im Tee, werden dem Kraftstoff ein Teil (gelber) Sonnenenergie und ein Schuß Zucker (Zuckerrohr, Reis, Kartoffeln) beigegeben. Der Multifunktionsmotor schluckt außerdem Tischbeinbriketts aus dem «Reservekanister«.
Kopierer – Supermarkt ➡ Idee: ____________________
Waage – Skistiefel ➡ Idee: ____________________
usw.

2. Tag: Bewerten Sie Ihre aktuellen Aufgaben nach dem erforderlichen Vorgehen. Liegen die Schwerpunkte im analytischen, kritischen oder kreativen Bereich?
Legen Sie fest, welche (Teil-)Bereiche der Aufgaben der kreativen Bearbeitung bedürfen. Was ist ausschließlich mit Zahlen und Fakten zu bewältigen?

3. Tag: Beobachten Sie sich: Wie gehen Sie die Problemlösung an? Schlagen Sie mehr den passiven Weg ein, indem Sie die optimale Standardlösung anstreben, oder haben Sie den Anspruch, aktiv eine neue Lösung zu finden?
Was erwartet Ihr Umfeld von Ihnen? Wie ist Ihre Erwartungshaltung den anderen gegenüber?

4. Tag: Wenden Sie das Prinzip »Sei Ursache« an! Gehen Sie davon aus, nicht der »Er-Finder«, sondern der »Ich-Finder« auf dem Weg zur Problemlösung zu sein. Lassen Sie in einem ersten Schritt das bereits vorhandene Wissen links liegen und begeben Sie sich auf Entdekkungsreise!

5. Tag: Lösen Sie eine Aufgabe im Team!
Beginnen Sie damit im privaten Bereich. Planen Sie mit mehreren Menschen (Familie, Freunde ...) das Wochenende. Sie werden bemerken, daß viele neue Vorschläge zu den Ihren dazukommen. Werden Sie durch die Vorschläge der anderen selbst zu neuen Ideen angeregt?

6. Tag: Schließen Sie andere in den Lösungsprozeß mit ein! Fragen Sie um Rat, Meinungen, Gefühle ... Signalisieren Sie Ihrer Umwelt, daß Sie auf der Suche nach wirklich neuen Ideen sind und Sie deshalb die »Hilfe« der anderen brauchen.

7. Tag: Verinnerlichen Sie sich die Regeln:
- Primärquellen denken!
- Sekundärwissen abfragen!

14

Ideale Szenen

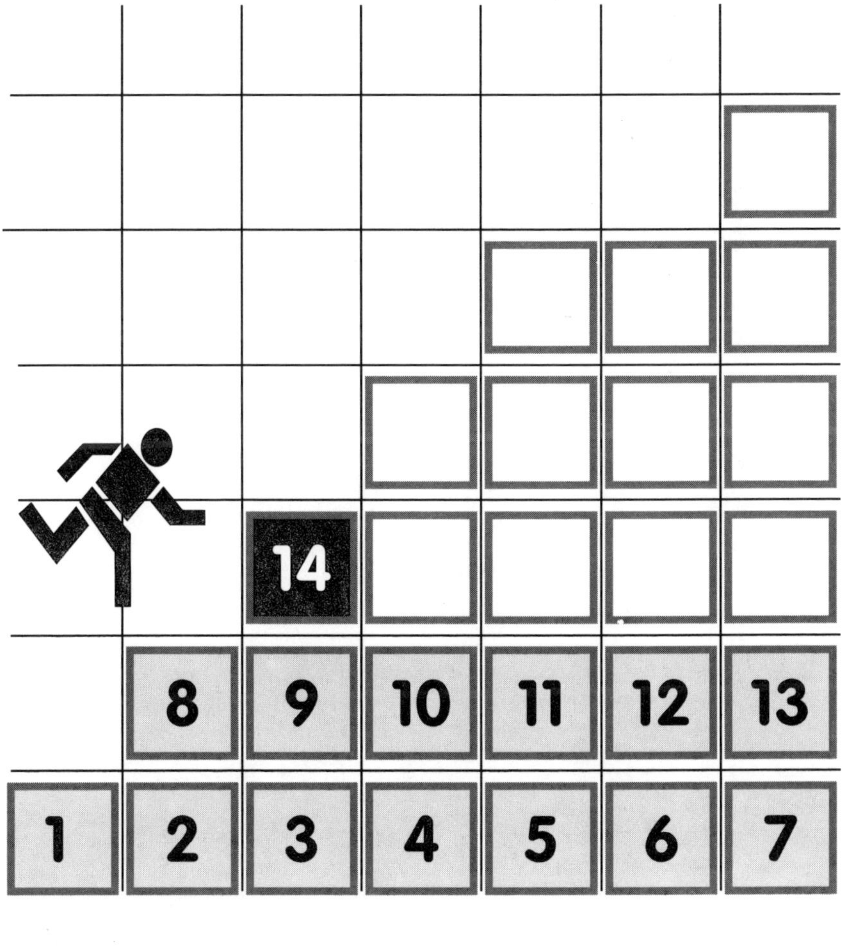

Die im vorangegangenen Trainingsabschnitt erarbeitete Notwendigkeit der ursächlichen Beschäftigung mit einer Aufgabe erfordert nun 3 wesentliche Lösungsfindungsfähigkeiten, damit kreative Ideen produziert werden können:

1. Wissen (Voraussetzung für Ideen),
2. Vorstellungsvermögen (Zulassen von Ideen) und
3. Beurteilungsfähigkeit (Bewertung der Ideen).

Wissen, im Sinne von Verstehen der Zusammenhänge, Kennen der Gesetzmäßigkeiten oder fachlichem Verständnis, kann eine unabdingbare Voraussetzung sein, um in den Lösungsprozeß einzusteigen. Wird das Problem oder auch das angestrebte Ziel überhaupt nicht verstanden, dann werden auch keine Lösungen gefunden. Wer nicht weiß, was er sucht, macht aus der Suche ein Glücksspiel. Er wird in der überwiegenden Zahl der Fälle die Lösung nicht einmal bemerken und daran vorbeigehen.

Wissen ist Macht! Diese sich immer wieder bestätigende Feststellung bewahrheitet sich auch im Kontext der Kreativität. Wie wir bereits in der fünften Trainingswoche im Kapitel »Konzentration auf die Unkonzentriertheit« feststellten, bilden sich bei vielen unserer Gedanken blitzschnell Assoziationsketten von benachbarten, verwandten Inhalten. Je mehr Wissen man nun abgespeichert hat, um so umfangreichere Verknüpfungen

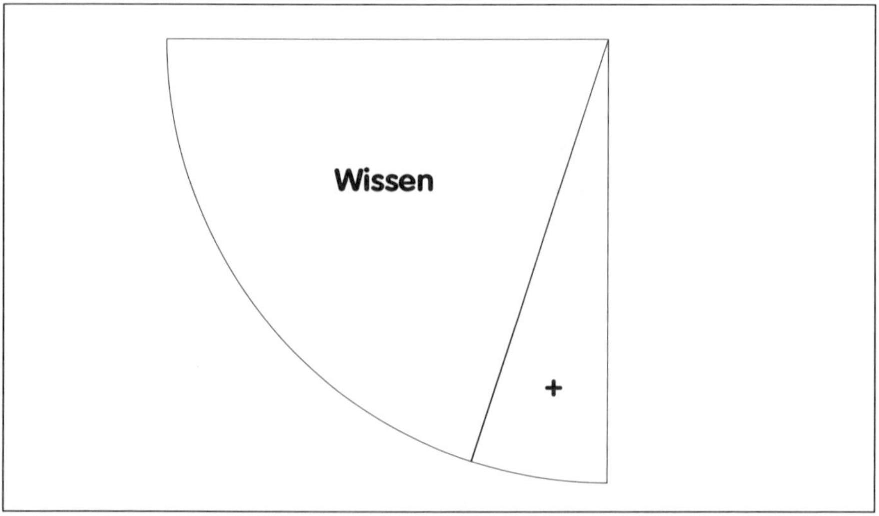

und Kombinationen von Wissensinhalten sind möglich, und die Wahrscheinlichkeit der Entwicklung von völlig neuen Gedankenkomplexen steigt! Im Gegensatz dazu bleibt ein Gedanke ohne assoziatives Umfeld für sich alleine stehen und kann nicht weiterverarbeitet werden. Spricht man dann zum Beispiel einen 80jährigen zum Thema Software an, wird er nichts mit diesem Begriff anfangen können, da keine Zuordnungsmöglichkeit besteht; das Wort wird in einer Wissensschublade abgelegt, die leer ist und keine Verbindungen zu anderen Schubladen aufweist.

Daraus kann man folgern:

Wer viel weiß, dem wird viel einfallen!

Umfangreiches Wissen, das den kreativen Ideen-Output fördert, beinhaltet nun aber nicht nur das zum Thema gehörende, fachliche Know-how, sondern im besonderen ein möglichst breites Wissensspektrum. So können Kenntnisse aus der Musik, Wissen über kulturelle Unterschiede menschlicher Eigenschaften, handwerkliche Fähigkeiten, ein ausgeprägtes Literaturverständnis oder naturwissenschaftliches Verständnis, Reiseerlebnisse oder Kontakte und Gespräche mit Menschen unterschiedlicher sozialer Herkunft helfen, Aufgaben der verschiedensten Fachrichtungen besser zu bearbeiten.

In einem späteren Kapitel werden wir erfahren, daß das Fachwissen, das zu dem zu bearbeitenden Themengebiet gehört, sogar eine große Hürde bei der Suche nach neuen Ideen darstellen kann. So ist es oftmals sinnvoller zu versuchen, sich in mehreren Wissensgebieten weiterzubilden, als alle Aktivitäten darauf zu richten, sich in ein Spezialgebiet noch weiter zu vertiefen. Die Quantität des Wissens ist heute bereits unüberschaubar umfangreich – von allen Seiten, aus allen Wissensgebieten strömt eine wahre Informationsflut auf uns ein. Die Jagd nach dem totalen Wissen muß zwangsläufig scheitern!

Lassen Sie mich am Beispiel einer originellen Geschichte erklären, daß umfangreiches Wissen nicht immer die Garantie für die beste und schnellste Problemlösung ist:

Die Geschichte handelt von zwei Schulklassen A und B: Die Schüler beider Klassen haben in etwa den gleichen Wissensstand. Tatort des Geschehens ist der Mathematikunterricht. Am ersten Schultag, beide Klassen sind anwesend, erklärt der Lehrer, wie man die Fläche eines Rechtecks berechnet: Länge a x Breite b = Fläche c.

Nach dem ersten Schultag können also beide Klassen die Fläche eines Rechtecks berechnen.

Klasse A | **Klasse B**

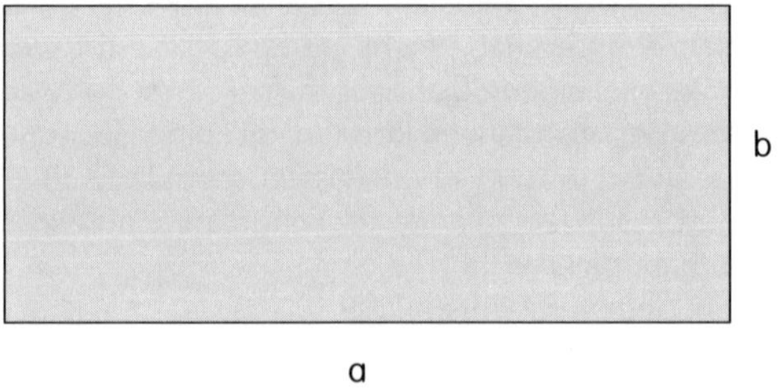

Fläche eines Rechtecks $= a \times b$

Am 2. Schultag geschieht etwas Merkwürdiges: Während Klasse A pünktlich zum Mathematikunterricht erscheint, nutzen die Schüler der Klasse B das schöne Wetter, um baden zu gehen; Klasse B macht sich einen »blauen Tag«!

Der Lehrer erklärt an diesem Tag, wie man die Fläche eines Trapezes berechnen kann. So paukt Klasse A: $(a + c) : 2 \times h =$ Fläche!

Klasse A | **Klasse B**

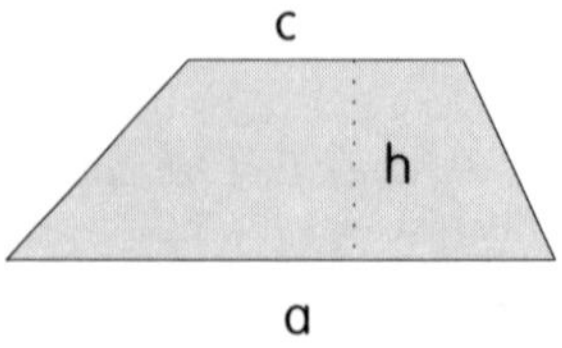

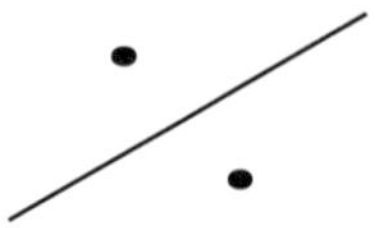

Fläche eines Trapezes $= \frac{a + c}{2} \times h$

Der dritte Schultag: Beide Klassen erwarten den heutigen Mathematikunterricht. Der Lehrer erscheint, und wieder einmal zeigt sich, daß das Leben hart und erbarmungslos ist – Klassenarbeit! Die Schüler der Klasse B bereuen bitterlich ihr Fehlen in der letzten Stunde und ahnen bereits Böses. Klasse A bleibt gelassen, haben sie doch im Grunde nichts zu befürchten. Folgende Aufgabe gilt es zu lösen: Berechnung der schraffierten Fläche. Welche der beiden Klassen wird die Aufgabe schneller lösen?

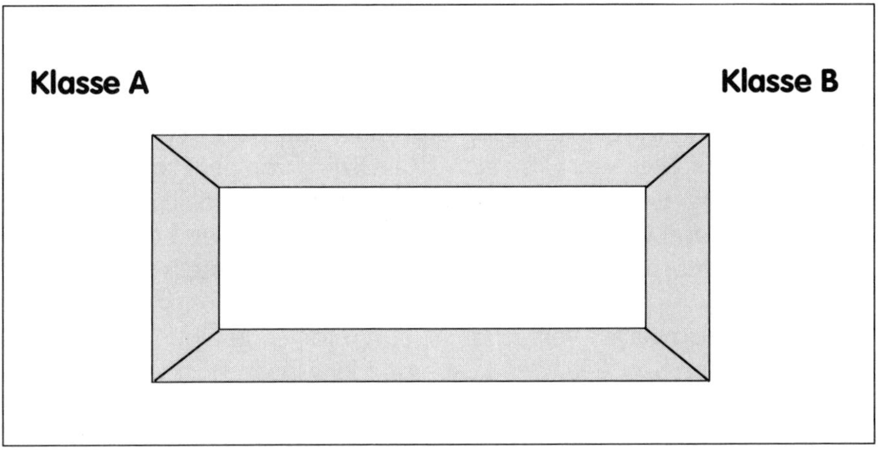

Selbstverständlich Klasse B – sonst wäre es ein langweiliges Beispiel! Aber was macht Klasse B: Die Schüler haben ja nur die Berechnung der Rechtecksfläche gelernt, ziehen also die Fläche des großen Rechtecks von der Fläche des kleinen Rechtecks ab und gelangen so zur Lösung!

Und wie geht Klasse A vor? Die Schüler berechnen vermutlich die Flächen der 4 Trapeze (wofür haben sie denn die Formel gelernt?) und addieren diese dann – während die Klasse B bereits mit der Aufgabe fertig ist!

Dieses Beispiel zeigt eines deutlich auf: Wie im richtigen Leben sehen wir oft den Wald vor lauter Bäumen nicht mehr! Unser umfangreiches Wissen verbietet uns oftmals das Denken in einfachen, kurzen Schritten, denn die Probleme sind nun einmal sehr komplex, weshalb auch die Lösungen kompliziert sein werden …

Darin ist auch der Grund zu sehen, warum innovative Lösungen nicht immer von den besten, erfahrensten Spezialisten erarbeitet werden, sondern oft von fachlich unbelasteten Newcomern. (Zum Beispiel die EDV-Industrie: Nicht IBM mit seiner gigantischen Anzahl von Ingenieuren in ihren Forschungsabteilungen entwickelte die bahnbrechenden Innovationen bei Personal Computern (PC): Maus, Miniaturisierung, benutzerfreundliche Software, Grafikorientierung usw. Alle diese Neuerungen kommen aus den Kellern ursprünglich unbedeutender Hinterhoffirmen wie Apple und Microsoft!)

Neben dem Wissen kommt dem Vorstellungsvermögen eine bedeutende Stellung zu, wenn es um Lösungsfindungsdenken geht. Im Abschnitt 2 haben wir »Die Macht der Vorstellung« bereits verdeutlicht. Im Zusammenhang mit Kreativitätsentfaltung kommt der Vorstellungskraft die Aufgabe zu, Ideen überhaupt erst zuzulassen!

Diese Zulassungsvoraussetzung impliziert, daß man sich eine Lösung überhaupt vorstellen kann, also eine ideale Szene von der Problemstellung bis zur Lösung existiert. Sieht man in der Vorstellung keine positive Endemarke, dann wird die Suche nach einer innovativen Lösung bereits beim Start abgebrochen! Denn: Was man sich nicht vorstellen kann, strebt man nicht an!

In meinen Seminaren versuche ich, durch folgende Übung die Bedeutung der idealen Szene für den Lösungsfindungsprozeß zu verdeutlichen: Ich erkläre, daß wir nun alle in die dritten Etage des Gebäudes gehen, um von dort aus dem Fenster zu springen! Seltsamerweise hat noch kein einziger Teilnehmer auch nur einen Funken von Bereitschaft gezeigt, sich an dieser Übung zu beteiligen. Warum wohl: nicht, weil alle Teilnehmer Spielverderber oder gar Angsthasen wären. Der Grund liegt einfach darin, daß sich keiner vorstellen kann, lebend unten anzukommen. Es fehlt an der positiven Wahrscheinlichkeit, an der idealen Szene!

Erst nachdem ich schließlich die Übung auf einen Sprung aus dem ersten Stock reduziere, beginnen einige Teilnehmer darüber nachzudenken und wagen schon einmal einen Blick aus dem Fenster. Sehen sie dann, daß es sich nur um 2,50 Meter Höhenunterschied handelt, eine weiche Grasfläche den Aufprall dämpfen wird und geeignete Turnschuhe zur Verfügung stehen, dann verfestigt sich in deren Vorstellung eine positive Szene, in der es maximal zu einer leichten Knöchelverletzung kommen kann: Schon sind einige zum Sprung bereit! Die Vorstellung von einem positiven Ende der Übung führt dazu, sich die Schritte auf dem Weg dahin zu überlegen: Aufsprungfläche nach spitzen Gegenständen überprüfen, Landematratze besorgen, Lockerungsübungen vor dem Absprung, feste Schuhe anziehen, Abrollbewegung beim Landen durchspielen etc.

Gibt es nun keine ideale Szene für den Sprung aus dem dritten Stock? Es wäre doch durchaus möglich gewesen, daß wir die Feuerwehr mit einem Sprungtuch anrücken lassen, einen Bungeegummi installieren, ein Swimmingpool unter dem Fenster liegt, eine 2 Meter hohe Schneedecke den Sprung abfedert, ein Balkon unter dem Fenster angebracht ist, der Sprung in das Fenster des gegenüberliegenden Hauses möglich ist …

Mit Sicherheit fällt Ihnen eine andere »ideale Szene« ein, bei der auch Sie springen würden (wenn das Haus an einem Berghang liegt und auch der Sprung aus der dritten Etage nur bergauf zu bewerkstelligen ist)! Die Grenzen der idealen Szenen setzen wir uns selbst! Können Menschen vielleicht nur deshalb nicht fliegen, weil sich bisher niemand in der Vorstellung eine ideale Szene von diesem Vorgang schaffen konnte?

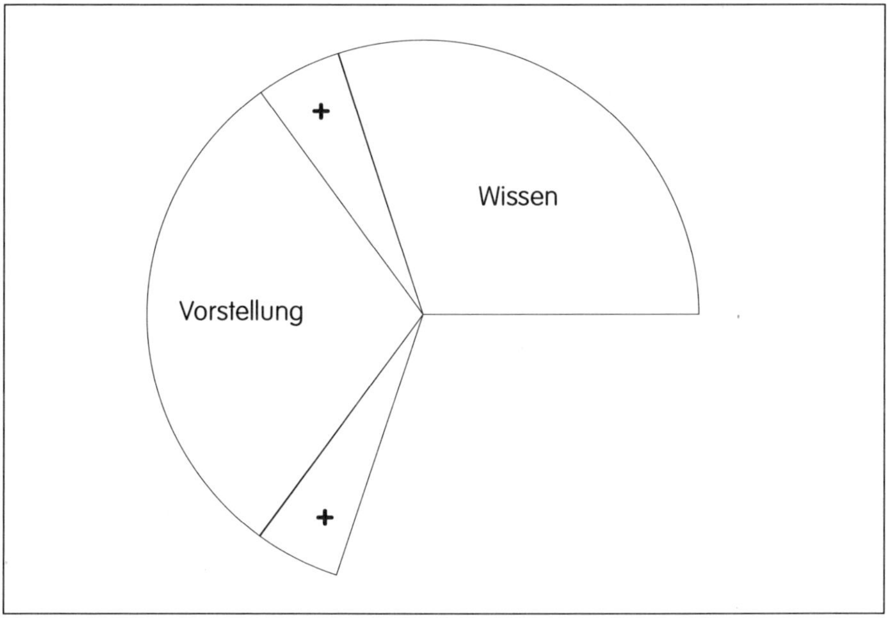

Kommen wir zu der Beurteilung, Bewertung und Einschätzung der kreativen Idee. Bei vielen innovativen Lösungen kann das Erkennen des Nutzens oder der Umsetzungsmöglichkeit in der Praxis die bedeutendere Leistung sein als die Idee selbst! Viele große Produkterfolge wären fast in den Schubladen der Erfinder verstaubt, wäre da nicht ein anderer Kreativer gewesen, der das Potential richtig einordnen konnte. Prominente Beispiele sind der Sony Walkman, die 3M-Haftetiketten oder auch der Microwellenherd! So hat der Sony-Chef Morita einst seine Produktentwickler in deren Labors besucht und dort den Ur-Walkman entdeckt. Auf seine Frage, warum dieses Produkt nicht vermarktet würde, antworteten seine Mitarbeiter, daß ein Mini-Cassettenrecorder zwar eine gute Idee sei, aber ohne Aufnahmemöglichkeit und Lautsprecheranschluß sicherlich keine Käufer finden werde! Das Ergebnis ist bekannt: Heute werden Zigmillionen dieser Walkmen verkauft, und kein Kunde reklamiert die fehlende Funktion der Aufnahmemöglichkeit oder des Lautsprecheranschlusses. Die richtige Beurteilung der Lösung brachte in diesem Fall erst den Erfolg und die Anerkennung der Idee! Auch die Beurteilung von Ideen ist sehr stark mit Szenen der Vorstellung verbunden. Wir versuchen immer, Lösungsansätze nach der Wahrheit zu bewerten und einzuschätzen. Doch was ist die Wahrheit? Doch nichts als unsere Vorstellung!

Bei der Beurteilung von Ideen muß deshalb der Versuch gemacht werden, die Wahrheit bloßzustellen und neue Wahrheiten aufzuspüren! Besonders die eindeutigen Wahrheiten gilt es kritisch zu hinterfragen und nach alternativen Realitäten abzuklopfen!

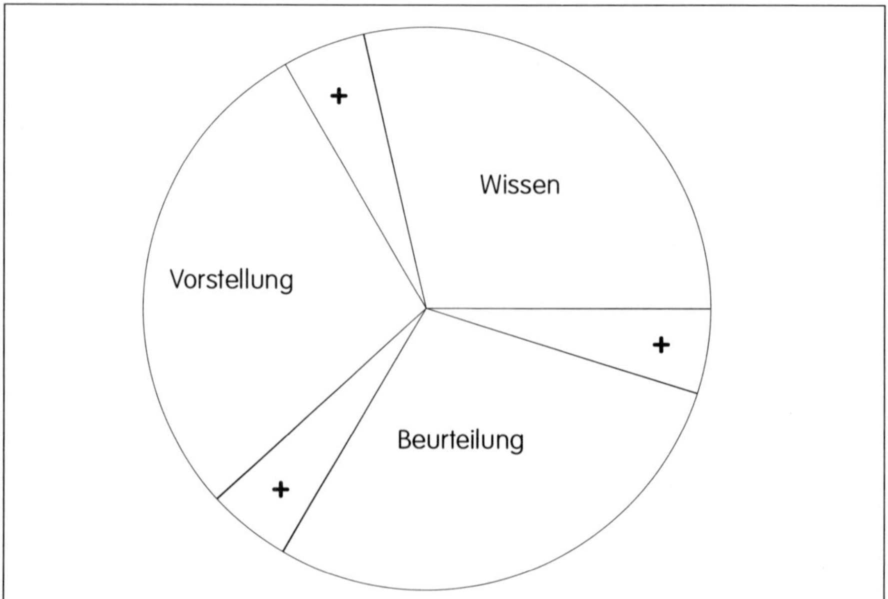

Der Wochenplan

1. Tag: Spielen Sie Glücksspiele?
Kennen Sie Ihre Ziele bei diesen Spielen – ist es Nervenkitzel, Spaß ... oder materieller Gewinn, der Zufallstreffer ...?
Hinterfragen Sie Ihre Ziele, inwieweit sie mit Ihrem Wissen vereinbar und damit realistisch sind. Das Ziel eines Millionengewinns im Lotto ist, mit dem Wissen um die Wahrscheinlichkeit des Eintreffens, doch eine absurde Zielsetzung!
Sind Ihre sonstigen Ziele mit Ihrem Wissen kompatibel?

2. Tag: Bewerten Sie Ihre aktuellen Aufgaben. Haben Sie zu den offenen Fragen ein ausführliches Assoziationsumfeld, oder gibt es nur wenige »Verbindungsschubladen«?

3. Tag: Über welche Wissensgebiete außerhalb Ihres beruflichen Umfelds informieren Sie sich?
Beginnen Sie heute damit, einen vollkommen neuen Bereich kennenzulernen. (Das kann die Lektüre eines Boulevardblattes sein, eine Kindersendung im Fernsehen, der Besuch eines japanischen Restaurants oder das Gespräch mit einem Straßenkehrer.)
Erweitern Sie Ihr Wissensspektrum!

4. Tag: Auf welchem Gebiet wissen Sie alles (Beruf, Hobby, über sich selbst ...)? Sie werden es nie schaffen, alles zu wissen! Was würde es uns auch bringen?

5. Tag: Bevor Sie neue Aufgaben beginnen, schaffen Sie sich eine (ideale) Szene vom Start bis zum Ziel!
Auch auf den Sport übertragbar.

6. Tag: Formulieren Sie (eine oder mehrere) ideale Szenen zu folgenden Vorhaben:
- Eine Diät, bei der man täglich mindestens 5 Kilogramm abnimmt.
- Eine Bohrmaschine, die ohne Geräusch bohrt.
- Eine mit dem Originalkorken wiederverschließbare Champagnerflasche.

7. Tag: Bewerten Sie alle Ihre Lösungen von Aufgaben, indem Sie die Wahrheiten hinterfragen, die die Ergebnisse stützen.

15

Die Logik der Kreativität

Logische, begründbare Wahrheiten sind der natürliche Feind der Kreativität! Denn kreative Einfälle, das Erzeugen bisher noch nicht gedachter Inhalte, widersprechen ex definitione bestehenden Gesetzmäßigkeiten oder stichhaltigen, logischen Erklärungsversuchen.

Der Lösungsfindungsprozeß funktioniert offensichtlich nach einer eigenen »Logik«. Es ist die Logik der Phantasie!

Ziel dieser Trainingsstufe ist die Einbeziehung von Phantasie in das Denken, um so die Voraussetzung zu schaffen, daß wir in unserer Vorstellungswelt phantastische Szenen und Visionen produzieren können. Denn das wirklich Neue ist immer auch phantastisch!

Phantasie ist Einbildung, Fiktion, Hirngespinste und Luftschlösser – also Gedanken, die nichts mit der Realität gemeinsam haben, aber die Voraussetzung für innovatives Denken sind. Die darauffolgende Formulierung, das Herausschälen einer Idee, bewirkt den Transfer von der Phantasie in die reale Welt. Wo finden wir die Vorbilder phantastischer Luftschlösser, in welchen Köpfen entstehen die in der Gegenwart noch unbekannten Gedanken? Kinder geben uns wieder einmal ein Beispiel, was mit Phantasie alles möglich ist: Denken Sie nur an die chaotischen Zeichnungen 2- bis 3jähriger! Auf die Frage der Kinder, was in den Bildern zu sehen ist, reagieren Erwachsene oftmals mit einem fragenden Schulterzucken. Worauf das Kind dann leicht verstört erwidert: »... Ja, siehst du denn nicht den Wald, mit dem Reh im Hintergrund und dem Mond da oben ...?« Wir sehen es nicht: Nach unseren realen, logischen Wahrheiten interpretieren wir die Zeichnung als Ansammlung wirrer Striche, es fehlt ganz einfach die Phantasie, unsere Vorstellung mit der beschriebenen Szene zu füttern!

Schon Albert Einstein hat gesagt: Phantasie ist wichtiger als Wissen! Dies bewahrheitet sich im täglichen Leben, denn jeder halbwegs intelligente Mensch kann sich heute das notwendige (Fach-)Wissen aneignen. So gibt es Tausende von Ingenieuren, Betriebswirten, Juristen und Ärzten, die alle über ähnliches Know-how in ihren Berufen verfügen und trotzdem sehr unterschiedliche Erfolge vorweisen! Offensichtlich verfügen einige unter ihnen über besondere Phantasien und Visionen, mit Hilfe derer sie ihr Wissen anders kombinieren und erfolgreich in die Realität umsetzen.

Vielen Genies ist die seltene Kombination zu eigen, daß beide Fähigkeiten, Wissen und Phantasie, sehr stark ausgeprägt sind! Im Gegensatz dazu sind die Mehrzahl der Menschen linkshirnig geprägte Denker (Wissen, Logik, Ratio), mit Defiziten der rechtshirnigen Funktionen (Phantasie, Gefühle, Ganzheitsdenken).

Phantasie ist wichtiger als Wissen!

Das Marathon-Prinzip

Zur Reaktivierung der Phantasie gehen wir nun in 3 Schritten vor:

1. Erkennen, daß wir uns überwiegend in passiven Phantasiewelten bewegen.
2. Reaktivierung der aktiven Phantasie und Erdenken von phantastischen Ideen (losgelöst von den Umsetzungsmöglichkeiten in der Realität).
3. Abklopfen der phantastischen Idee mit verfügbaren (in Frage zu stellenden) Wahrheiten.

In einem ersten Schritt muß man sich bewußt machen, daß die eigene Phantasie bei weitem nicht so phantastisch ist, wie man vielleicht vermutet. Viele Leser werden sich nun denken: »Wenn Sie wüßten, welch unglaubliche Phantasien ich habe ...« Schön, wenn es denn so wäre! Wir bewegen uns nämlich oftmals nur in passiven Phantasiewelten, das heißt, in den von anderen geschaffenen Visionen. Am besten funktioniert es, wenn Sie ins Kino gehen oder vor dem Fernsehgerät sitzen: Ob Schwarzwaldklinik oder Krieg der Sterne, wir tauchen in die phantastischen Bilder ein und schwimmen auf diesen Luftschlössern der Reize mit! Das Problem dabei ist, daß nicht die eigenen, individuellen Phantasien angeregt und entwickelt werden, sondern das bereits Bestehende wiedergekäut wird.

Machen wir uns dann phantastische Gedanken, müssen wir oftmals feststellen, daß es sich dabei lediglich um die Reproduktion bereits bekannter Bilder handelt. Wollen wir uns zum Beispiel in der Phantasie ein völlig neuartiges Automobil erdenken, kommen wir zu folgenden Ergebnissen: ein fliegendes Modell, mit sprechendem, denkendem Bordcomputer, mit einem eingebauten Chauffeur, lichtgeschwindigkeitsschnell, mit Turbo-Solarantrieb, der Einparkhilfe oder auch dem nicht rostenden Blech ... Hinterfragen wir dann diese phantastischen Gedanken, müssen wir meist feststellen, daß es sich um in Wahrheit bereits vorgedachte Lösungen handelt, um Phantasien anderer!

Es gilt also, sich wieder ursächlich phantastische Gedanken zu machen, aktiv zu werden. Überlegen Sie sich doch einige Kfz-Innovationen, die bisher weder in Science-Fiction-Filmen zu sehen noch auf Automobilausstellungen als Zukunftsstudien ausgestellt waren. Denken Sie dabei an Dinge, die nichts mit der Realität zu tun haben und auch unlogisch sein können (dürfen und sollen).

Nachfolgend einige meiner Phantasien: das rollende Auto ohne Räder, die individuelle Fahrgastzelle auf täglich wechselnden Fahrgestellen, der einstellbare Panoramablick durch die Seitenscheiben, das Vertikal-Auto ähnlich einem Kran zur Fortbewegung ausschließlich nach oben und unten, nicht vor und zurück, die wasserbettartigen Sitze, das farblose, transparente High-Tech-Modell ...

Die Beschäftigung mit der individuellen, aktiven Phantasie hilft, sich das Ganzheitsdenken anzutrainieren! Überprüfen Sie Ihre Vorschläge darauf, wie die Phantasien entstanden sind. Bei der aktiven Suche nach phantastischen Vorschlägen hilft uns das 5-Sinne-Denken (siehe zwölfte Trainingseinheit). Ich sehe einen Kran (➡ vertikale Fortbewegung), fühle den weichen Sessel (➡ Wasserbett), höre das Köpfen eines Eis (➡ rollendes Auto), schmecke unterschiedliche Marmeladen (➡ Fahrgastzelle) und rieche unsichtbares Parfum (➡ transparentes Auto)!

Die Umsetzung der Phantasie in das reale Umfeld ist dann der nächste Schritt: Was sind die unverrückbaren Wahrheiten, die gegen eine Umsetzung sprechen?

Meine Ideen sind sicherlich alle realisierbar! Und Ihre Vorschläge? Formulieren Sie die ideale Szene der Verwirklichung, schreiben Sie die Geschichte um, wenn es denn nötig ist!

Der Wochenplan

1. Tag: Sind Sie selbst ein (Teilzeit-)Phantast? Kennen Sie phantasievolle Menschen,
- Kinder,
- Künstler,
- Handwerker,
- Sportler
- oder sonstige?

Halten Sie Kontakt zu phantasievollen Menschen; beobachten Sie Kinder und spielen Sie mit ihnen!

2. Tag: Hinterfragen Sie Ihre Phantasien! Wo haben sie ihren Ursprung? Handelt es sich dabei um bisher noch nie gedachte Gedanken oder »vorgekaute« Visionen? Finden Sie die Quellen Ihrer Phantasien.

3. Tag: Nutzen Sie Ihr bevorzugtes phantastisches Umfeld (wie zum Beispiel Filme, Künstler, Romane), um zu innovativen Assoziationen angeregt zu werden! Geben Sie zu den passiven Visionen immer noch einen individuellen, aktiven Beitrag hinzu.

4. Tag: Denken Sie Ihre Phantasien ganzheitlich!
Schalten Sie das 5-Sinne-Denken ein und sehen, hören, fühlen, riechen und schmecken Sie völlig neue Bilder, Geräusche, Gefühle, Gerüche und Geschmacksrichtungen! Beginnen Sie mit einer aktuellen Aufgabe: Bauen Sie mindestens 5 phantastische Lösungs-Luft-Schlösser!

5. Tag: Formulieren Sie für jede Aufgabe mindestens eine phantastische Lösung. Schließen Sie auch banale Routineaufgaben mit ein. Zum Beispiel eine Tasse Kaffee besorgen: Routinelösung = aufstehen, zum Automaten gehen, Geld einwerfen, gewünschte Zusammenstellung wählen, Becher unterstellen, mit dem Kaffee zurück zum Schreibtisch gehen!
Phantastische Lösung = »Call a coffee«, den Kaffee-Heimservice anrufen und eine Tasse frischen Kaffee bestellen und anliefern lassen!

6. Tag: Denken Sie heute mindestens 10 phantastische Gedanken.
Denn Phantasie ist wichtiger als Wissen!

7. Tag: Bestimmen Sie die Wahrheiten, die gegen die Verwirklichung Ihrer Phantasien sprechen (Beispiel Kaffee: Es gibt keinen »Call a coffee«-Heimservice; kein Mensch wird bei einem Lieferumfang von DM 2,– meinen Auftrag ausführen; der gelieferte Kaffee wird lauwarm und niemals frisch sein ...), und brechen Sie feste Strukturen auf. Stellen Sie die Wahrheiten bloß. (Beispiel Kaffee: Jedes Restaurant mit Heimservice hat auch Kaffee im Angebot; ein Dauerauftrag von DM 2,–, mit dreimaliger Belieferung täglich, in Verbindung mit der Auslieferung an viele andere Kaffeegenießer, läßt das Geschäft durchaus lukrativ werden; Einbau von mobilen Kaffeeautomaten in das Lieferfahrzeug mit der Garantie des maximal vor 5 Minuten frisch gebrühten Kaffees ...!)

16

Das kreative Modell

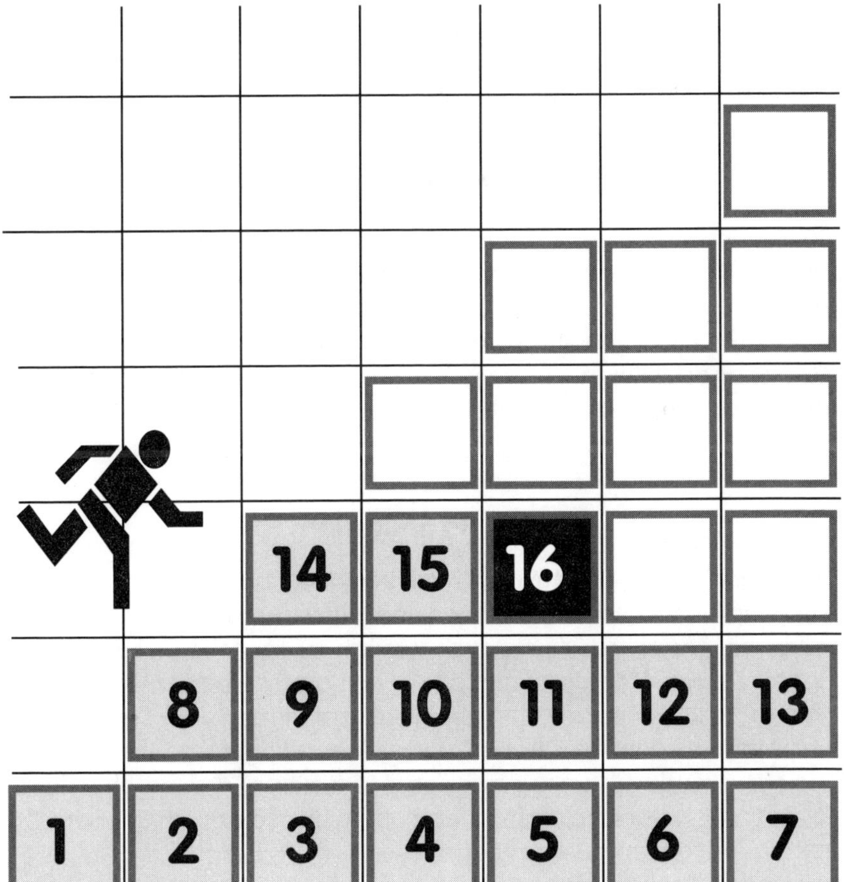

Wie läuft nun der kreative Prozeß ab, welche Teilschritte werden durchlaufen, um eine kreative Idee zu verwirklichen? Natürlich ist die Idee als solches eine spontane Eingebung, ein plötzlicher Gedankenblitz. Das heißt aber nicht, daß damit der kreative Prozeß abgeschlossen ist. Wir werden sehen, daß sowohl vor der Idee als auch danach einige wesentliche Schritte zu durchlaufen sind, um die gewünschte Wirkung zu erzielen. (Zur Erinnerung: Dies gilt für den Bereich der »ökonomischen Kreativität«, also das Streben nach wirtschaftlich verwertbaren Ideen!)

Ziel dieser Trainingseinheit ist es folglich, sich die 7 Stufen des kreativen Prozesses zu verinnerlichen, um so mehrere Angriffspunkte zu haben, aktiv auf den kreativen Output einzuwirken! In der Literatur wird häufig über die 4 Ebenen der Kreativität gesprochen: Präparation, Inkubation, Illumination und Verifikation – nach Wallas, 1926 und Poincaré, 1905; ich habe dieses Modell verfeinert, da meiner Meinung nach noch andere Schritte die kreative Qualität erheblich mitbestimmen.

Die 7 Stufen des kreativen Modells sind:

1. Problemstellung

Zuallererst muß eine Aufgabe oder Problemstellung formuliert werden, um den Einstieg in den kreativen Prozeß zu bekommen. Dazu gehört eine möglichst konkrete Zielformulierung, das heißt, die Bestimmung des gewünschten Endergebnisses. Sonst wird der ablaufende Denkprozeß vom Zufallsprinzip geleitet! Hat man die Problemstellung möglichst detailliert formuliert, dann kann der nächste Schritt im kreativen Prozeß gemacht werden.

2. Präparation

Die zweite Stufe im kreativen Prozeß beinhaltet die Ansammlung notwendiger und hilfreicher Informationen und Wissensinhalte, die dazu beitragen sollen, die gestellte Aufgabe auch wirklich zu verstehen (siehe Trainingseinheit 2 – die »Wissenspyramide«). Fehlt dieser Überblick, dann werden oftmals Lösungen erarbeitet, die nicht realisierbar sind. Sie alle kennen bestimmt aus dem beruflichen Alltag diese »kreativen Überflieger«, die beeindruckende Lösungsvorschläge produzieren, welche aber jeglicher Realisierungswahrscheinlichkeit entbehren und so niemals über den Status der bloßen Idee hinauskommen. Zu jeder Aufgabenstellung gibt es einen wertvollen Tank an Wissensbausteinen, die den Lösungsprozeß fördern

Das kreative Modell

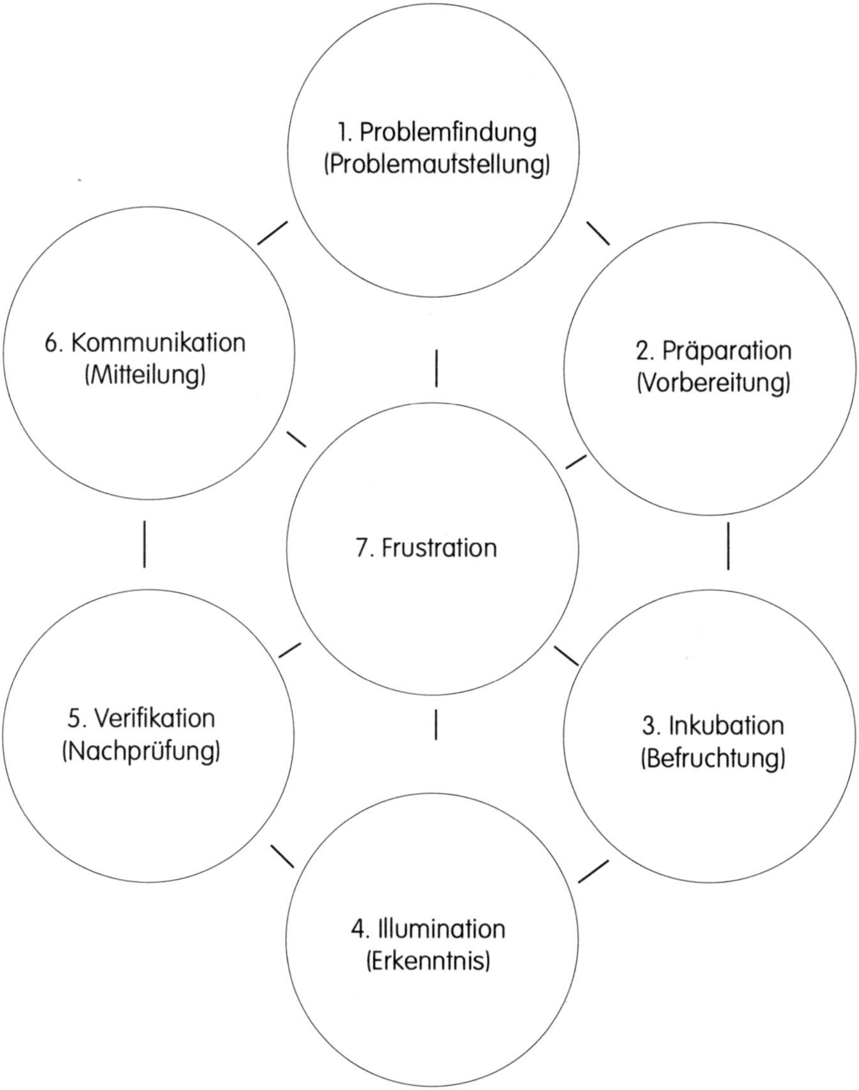

Wer viel weiß, dem wird viel einfallen

Das Marathon-Prinzip

können. Wie bereits erwähnt, kann uns dieses Background-Wissen auf der Suche nach der neuen Idee aber auch stark behindern und einschränken. (Denken Sie an das Rechenbeispiel in der Trainingseinheit 14 – Berechnung der Flächen!) Gleichwohl gilt auch für den kreativen Prozeß der Grundsatz: Wer viel weiß, dem wird viel einfallen!

Das viel Wissen bezieht sich nun aber nicht nur eindimensional auf die konkrete Aufgabenstellung, sondern beinhaltet das Verständnis in unterschiedlichsten Gebieten. So können Kenntnisse aus Bereichen wie der Musik, Technik, Geschichte etc. helfen, den Wissenstank aufzufüllen und so die »Spannweite des Verständnisses« auszuweiten.

In den folgenden Trainingseinheiten werden Sie Techniken kennenlernen, mit deren Hilfe Sie Ihr bestehendes Wissen »auf Zeit« ausschalten können, um ohne Vorurteile mentales Neuland zu betreten. Dieses Vorgehen ist bedeutend einfacher und wirkungsvoller als der umgekehrte Weg. Der Unwissende wird sicher auch einen innovativen Zufallstreffer landen, bleibt aber ohne Verständnis der Zusammenhänge dem Zufall auf Dauer ausgeliefert. Er wird sehr schnell als »Glücksspieler beziehungsweise -denker« entlarvt werden. Je besser man für die bevorstehenden Aufgaben präpariert ist, um so erfolgreicher werden sie gemeistert! Auch an dieser Stelle bietet sich die Analogie zum Sport an, wo das Wissen um technische Fähigkeiten und Zusammenhänge den Spielwitz oder die Leistung deutlich steigern helfen.

3. Inkubation

Ist die Aufgabenstellung nach Durchlaufen der zweiten Stufe noch aktuell, beziehungsweise konkretisiert worden, beginnt der Einstieg in den Lösungsfindungsprozeß. Mit Inkubation ist nun der Vorgang der Befruchtung, der Injektion gemeint! Vergleichbar einem Arzt, der dem Körper ein Medikament injiziert mit dem Ziel, daß der Heilungsprozeß angeregt beziehungsweise beschleunigt wird. Auch wir müssen nun unseren Geist anregen beziehungsweise motivieren, Neues zu erdenken.

Dazu bedienen wir uns verschiedener Medikamente (Techniken) und Darreichungsformen (Vorgehen), denn ohne Eingriff in das System verändern wir unseren Denkvorgang nicht! Primäres Ziel ist dabei, das Denkvermögen grundsätzlich zu verbessern und umzustellen, damit die Inkubation ein anhaltender, automatisch ablaufender Prozeß wird. Die vorgestellten Techniken (Medikamente) können nur ein Anstoß sein und keine Dauerlösung für kreatives Problemlösen.

4. Illumination

Beginnen die Medikamente zu wirken, erscheint uns die Erleuchtung, der Gedankenblitz! In dieser Stufe des kreativen Prozesses werden die konkreten Ideen produziert, Gedankenverknüpfungen werden »sichtbar«. Die Anzahl der Gedankenblitze läßt sich steuern durch den Einsatz verschiedener Techniken, Vorgehensweisen und erlaubter Einschränkungen beziehungsweise Regeln. Wir werden noch erleben, daß viele Gedankenblitze nicht zwangsläufig zu besseren Ergebnissen führen, sondern das Auffinden der besten Idee dadurch oft erschwert wird. Die Qualität der Gedankenblitze ist zu fördern, nicht nur die Quantität.

5. Verifikation

Für viele Ideensucher ist der kreative Prozeß nach der Ideenproduktion beendet. Oftmals beginnt aber nun erst die eigentliche kreative Herausforderung. Verifikation bedeutet bewahrheiten, die Richtigkeit beweisen. Diese Stufe umfaßt oftmals 2 Hürden, die sich nun der Realisierung entgegensetzen. Zum einen gilt es, die (technische) Realisierbarkeit der Lösung zu hinterfragen, also die Überprüfung der Idee auf Verträglichkeit mit der relevanten Umwelt (Gesetzmäßigkeiten, Regeln, Bedürfnisse, Kosten etc.).

Eine zweite Hürde der Verifikation stellt nun der subjektive Nachweis der »Wahrheit« dar. Das Problem ist nämlich, daß es die einzige Wahrheit nicht gibt, sondern in den Köpfen der Menschen viele individuell unterschiedliche Wahrheiten bestehen. Übertragen auf die Verifikation von kreativen Ideen bedeutet das, Menschen (also Vorgesetzte, Kollegen, Kunden, Freunde) davon zu überzeugen, daß mit der Idee die Aufgabenstellung befriedigend aufgelöst wird. Unabhängig von der Güte der Idee, muß deren Wert im besonderen auch subjektiv nachgewiesen werden. An dieser Hürde scheitern heute eine Vielzahl exzellenter Ideen und verschwinden im Nichts! So kann dem Schritt des Verifizierens entscheidende Bedeutung bei der Steigerung der Kreativität zukommen. Die kreative Fähigkeit kann dann unter Umständen ohne neue Ideen gesteigert werden.

6. Kommunikation

Hat die Idee die Stufe der Verifizierung erfolgreich durchlaufen, steht der Realisation nichts mehr im Wege! Dabei geht es nun um die konkrete Umsetzung der Kommunikation nach außen. Was hat diese Phase aber noch mit dem Lösungsfindungsprozeß zu tun? Sehr viel, wie einige Mißerfolge zeigen, denen großartige Ideen zugrunde liegen. Offensichtlich reicht es nicht immer aus, eine erwiesenermaßen gute Idee zu haben; letztendlich entscheidet die Praxis über deren wirklichen Erfolg!

Ein gutes Beispiel ist der Ro 80: Ein von allen Experten anerkanntes Kfz-Konzept, ausgestattet mit einer revolutionären Innovation (dem Wankelmotor), ist als Flop in die Geschichte eingegangen. Oder die Bildplatte, als qualitativ hochwertigste Form des visuellen Speichermediums, hat den Durchbruch nicht geschafft!

Gelingt es nicht, den Nutzen oder die Tragweite der Idee zu kommunizieren, kann die Innovation in Bedeutungslosigkeit verpuffen. Der Einstein'schen Relativitätstheorie blieb lange die Anerkennung verwehrt, da die Idee vielen nicht vermittelbar war. So gab und gibt es viele Begründer großer Ideen, die an dieser Stufe des kreativen Prozesses gescheitert sind. Andere gaben ihrer Idee erst in dieser Stufe den Anstoß zur breiten Anerkennung! Nicht die vermeintlich beste Lösung gewinnt, sondern die, die sich durchsetzt!

7. Frustration

Der oben beschriebene Kreislauf des kreativen Prozesses beinhaltet noch ein siebtes, alle anderen Teilschritte betreffendes Element: die Frustration! Frustration leitet sich aus dem lateinischen »frustra« = »vergeblich« ab und kann als systemimmanenter Bestandteil des Lösungsfindungsdenkens gesehen werden, der uns immer wieder von der Lösung abbringt. Kreativität läßt sich nicht planen. Oft wird die kreative Suche nach der Lösung zu einer zeitraubenden, ergebnislosen Beschäftigung und deshalb oftmals abgebrochen. Dann begnügt sich der »Kreative« eben mit der bereits bestehenden Lösung oder bricht die Aufgabe ungelöst ab. Die frustrierende Erkenntnis, daß der Prozeß nicht wie gewünscht abläuft, kann in jeder Stufe auftreten.

Die Enttäuschung wird um so größer, je später die Vergeblichkeit des Strebens offensichtlich wird. Es kann dann vorkommen, daß sich erst in der Phase der Kommunikation der »Fehler« offenbart und die Rückkehr zur neu zu formulierenden Problemstellung erfordert! Dann ist die Frustration groß, und die Bereitschaft, von neuem zu beginnen, sinkt auf ein Minimum. Deshalb sollten in die Lösungssuche bereits vorab frustrierende Einbrüche und Rückschläge einkalkuliert werden, mit dem Vorhaben, die gewünschte Lösung dann erst recht zu finden! Nach dem Moto: Frustration fördert die Motivation, die Lösung trotz der Widerstände aufzuspüren!

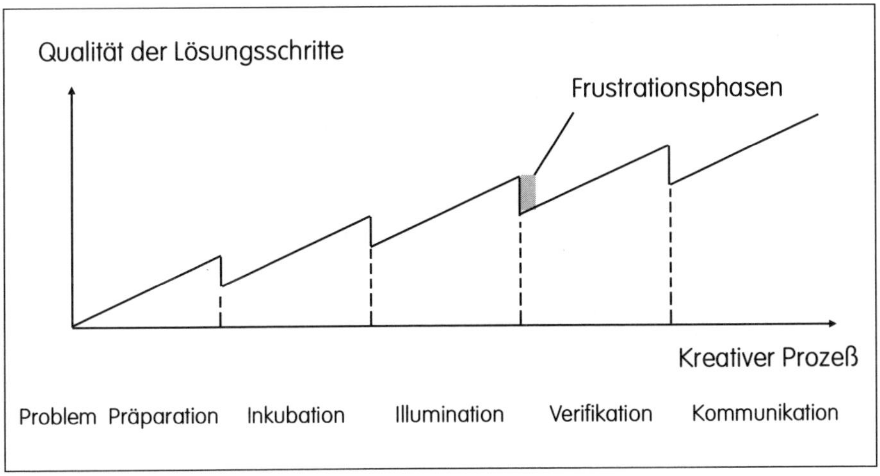

Der Wochenplan

1. Tag: Welche Aufgaben möchten Sie heute angehen? Formulieren Sie die Problemstellung und das angestrebte Ergebnis (Ziel) schriftlich! Ist Ihnen und allen Beteiligten klar, um was es bei der Aufgabenstellung geht?

2. Tag: Fehlen Ihnen zu den heute zu erledigenden Aufgaben Informationen, kennen Sie die Zusammenhänge, gibt es Verständnisprobleme, welches Wissen ist nicht verfügbar?
Haben Sie bezüglich Ihrer Aufgaben nur spezialisiertes Detailwissen, oder überblicken Sie Zusammenhänge und Vernetzungen zu benachbarten Wissensgebieten (technisch-mathematisch, wirtschaftlich, kulturell, sprachlich, theoretisch, praktisch, ästhetisch ...)?
Schauen Sie über Ihren Tellerrand (Fachwissen) hinaus und informieren Sie sich (Allgemeinwissen)!
Wer viel weiß, dem fällt viel ein!
Wer viel erlebt, der lernt viel dazu!

3. Tag: Geben Sie sich einige Spritzen, um vom herkömmlichen Weg abzukommen!
Nähern Sie sich der Aufgabe sehend, hörend, riechend!
Verlassen Sie die Realität und schalten Sie Ihre Phantasie ein ... Werden Sie aktiv!

4. Tag: Achten Sie auf die Wirkung der Kreativitätsspritzen! Notieren Sie neue Gedanken. Kommen keine Gedankenblitze, dann kehren Sie um und »befruchten« Sie sich von neuem:
- Das Gespräch mit Kindern oder Alten,
- Hinterfragen der Wahrheiten ...

5. Tag: Bewerten Sie Ihre heute gefundenen Lösungen. Werden sie von Vorgesetzten, Kollegen, Freunden verstanden und akzeptiert? Gibt es berechtigte Kritikpunkte – wenn ja, zurück zur entsprechenden Phase und an der Aufgabe noch motivierter weiterarbeiten. (Jetzt erst recht!).

6. Tag: Wie setzt sich Ihre Arbeit in der Praxis durch? Bewähren sich die Lösungen wie erwartet beziehungsweise gewünscht? Werden Ihre Lösungen Ihren Erwartungen entsprechend gewürdigt?

7. Tag: Gute Lösungen liegen nicht am Wegesrand! Nur selten hat man eine Aufgabe im ersten Durchgang zufriedenstellend gelöst. Ohne Frustration (bedeutet vergeblich und nicht ärgerlich) findet man keine wirklich guten Lösungen!
Lösen Sie Probleme meist schnell und leicht, dann steigern Sie die Anforderungen an Ihre Arbeitsergebnisse!

17

Trainingspause

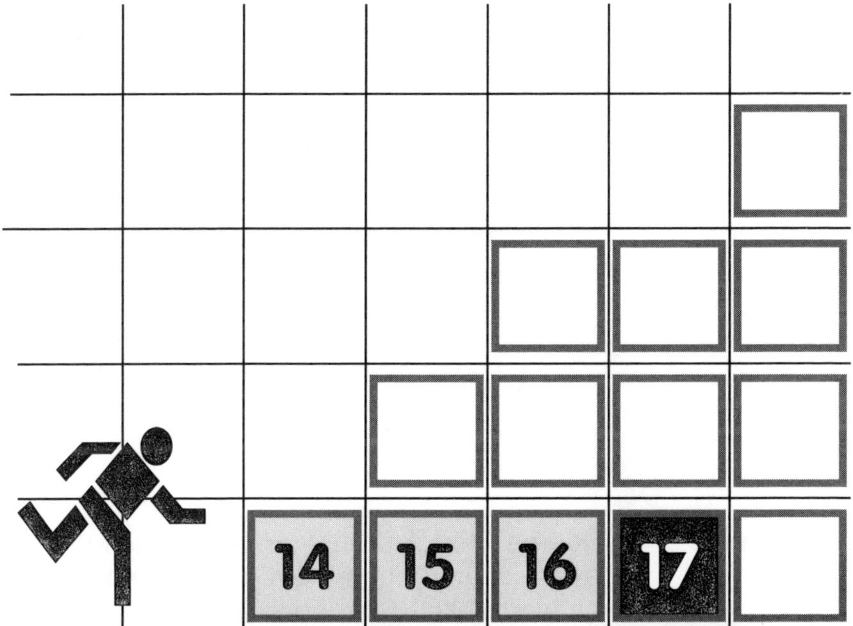

Die zweite Phase unseres Marathontrainings ist nun durchlaufen. Ehe wir uns an das letzte Drittel machen, hier noch einmal eine kurze Auffrischung des bisher Erlernten. Wenden Sie die anfangs besprochenen Techniken (noch) an? Überprüfen Sie sich ehrlich und wiederholen Sie bei Bedarf einzelne Trainingseinheiten:

1. Woche	Die 100-Prozent-Regel
2. Woche	Die Macht der Vorstellung
3. Woche	Aktives Handeln
4. Woche	Freiheit der Alternativen
5. Woche	Konzentration auf die Unkonzentriertheit
6. Woche	Die Einzigartigkeit des Handelns
7. Woche	Wissensaufnahme und -verarbeitung
8. Woche	Interne Störfaktoren

Im darauffolgenden Trainingsblock wurden die Techniken zur Konzentrationssteigerung abgeschlossen und das Hauptaugenmerk auf kreativitätsfördernde Fähigkeiten gerichtet:

10. Woche	Externe Störfaktoren – Erkennen der Vielzahl externer Störungen; Akzeptanz der Eigenverantwortlichkeit; Störungen aktiv behandeln beziehungsweise eliminieren.
11. Woche	Zyklen beenden – Bewußtmachen der »Rohrkrepierer«; Ursachen der Handlungsunterbrechung auffinden; bei Bedarf Festlegen von beendbaren Teilzyklen; Aufgaben vom Start bis zum Ziel konsequent beenden.

12. Woche Das 5-Sinne-Denken – alle 5 Sinnesorgane auf Empfang schalten; 5sinnig denken; Bündelung aller Sinne auf den Denkvorgang; Verschluß der Eingangskanäle gegenüber Störungen.

13. Woche Konzentratio Kreativo – ist die Aufgabenstellung analytisch, kritisch oder kreativ zu bewältigen; Anwendung des Prinzips »Sei Ursache«; Teamarbeit fördert den kreativen Output.

14. Woche: Ideale Szenen – Wissen, Vorstellungsvermögen und Beurteilungsfähigkeit; sehen Sie die Aufgabe als ideale Szene vor sich.

15. Woche: Die Logik der Kreativität – Sprung von passiven in aktive Phantasiewelten; nur die Reaktivierung der eigenen Phantasie erschließt die Welt neuer Ideen; Abgleich der phantastischen Ideen mit verfügbaren und in Frage zu stellenden Wahrheiten.

16. Woche: Das kreative Modell –
1. Problemfindung; 2. Präparation; 3. Inkubation; 4. Illumination; 5. Verifikation; 6. Kommunikation; 7. Frustration.

Erinnern Sie sich noch an eine der Fragen des Einstiegstests zur Kreativität? Wie mußte die Münze umgelegt werden, damit sowohl in der Horizontalen wie auch in der Vertikalen je 3 Geldstücke liegen? Ganz einfach, die überflüssige Münze kommt auf die zentral gelegene und schafft so ein ausgeglichenes Verhältnis beider Achsen!

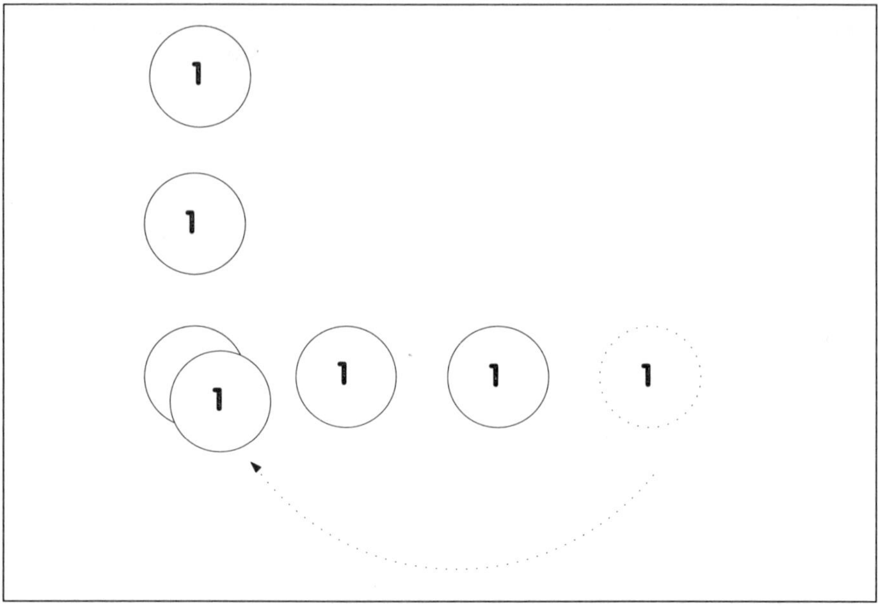

Was erwartet uns in den folgenden Trainingseinheiten? Im Vorgriff auf diese können Sie die folgende Aufgabe zu lösen versuchen!

Was ist die Hälfte von 10?

Die Lösung: ______________________________

Sehr gut! Die Aufgabe ist aber noch nicht beendet. Finden Sie mindestens noch 3 weitere Lösungen:

2. Lösung: ______________________________
3. Lösung: ______________________________
4. Lösung: ______________________________

(Wir werden diese Aufgabe später auflösen.)

In den folgenden Kapiteln werden wir zum kreativen Höhenflug ansetzen und unsere festgefahrenen Denkstrukturen verlassen. Nutzen Sie die Trainingspause zur Entspannung, Regeneration und spielerischen Wiederholung des Erlernten.

Sie können sich auch schon einmal anerkennend auf die eigene Schulter klopfen! Ihre Fähigkeiten sind mit Sicherheit schon stark verbessert, der Trainingsfleiß wird sich bei vielen Gelegenheiten positiv auswirken und die Arbeitsergebnisse optimieren!

Sehen Sie die Fortschritte und nicht immer nur die noch bestehenden Defizite!

Und zurück zu einer anderen Frage aus dem ursprünglichen Bodycheck: Wie viele »No-sports-Typen« kennen Sie, die ihr Leben überdurchschnittlich erfolgreich meistern?

Stimmen Sie der These zu, daß mentale und körperliche Fitneß meist untrennbar zusammengehören?

Werden Sie nicht nur geistig aktiv, sondern auch körperlich!

Der Wochenplan

1. Tag: Wiederholen Sie die Konzentrationstechniken:

- Externe Störfaktoren eigenverantwortlich ausschalten beziehungsweise kontrollieren und
- Zyklen konsequent beenden!

2. Tag: Machen Sie heute vor dem Duschen etwas Frühsport:

- 10 bis 30 Liegestütze (je nach körperlicher Fitneß) oder
- 30 Minuten Dauerlauf (das heißt, Wecker ½ Stunde früher stellen) oder
- 30 Minuten Fahrrad fahren (wenn kein Fahrrad verfügbar, ersatzweise auf dem Rücken liegend 5 Minuten in der Luft radeln) oder
- für alle »No-sports-Typen« als absolutes Minimum: während des Zähneputzens 5 Kniebeugen; Schuhe im Stehen binden; Zeitung oder Brötchen zu Fuß besorgen; die erste Morgenzigarette im Stehen rauchen und den Abfall sofort zur Tonne tragen!

3. Tag: Wiederholen Sie einen der wesentlichen Trainingsblökke: das 5-Sinne-Denken.
Verinnerlichen Sie sich immer wieder, daß Sie alle Sinne in Ihre Gedanken einschalten sollen. Bearbeiten Sie Ihre Aufgaben mehrsinnig! Was sehen, hören, fühlen, riechen, schmecken Sie beim Gedanken an die Aufgabe? Nähern Sie sich der Problematik von allen Seiten.

4. Tag: Nutzen Sie die Pause zur körperlichen Ertüchtigung:
- Gehen Sie circa 30 Minuten an die frische Luft und spazieren Sie umher oder
- erklimmen Sie mindestens 5 Stockwerke zu Fuß (im Büro, Kaufhaus, U-Bahn-Schacht etc.) oder
- spielen Sie Frisbee, Bürofußball oder -golf, bauen Sie einen Schneemann, räumen Sie das Büro auf …

5. Tag: Wiederholen Sie die Trainingseinheiten:
- Konzentratio Kreativo («Sei Ursache« – heute): Initiieren Sie etwas absolut selbständig! Erledigen Sie eine Aufgabe im Team!
- Ideale Szenen: Wissen + Vorstellung + Beurteilung.

6. Tag: Halten Sie sich eine Stunde für »Abendsport« frei (auch für eine erfrischende Dusche):
- Verabreden Sie sich zum Sport mit dem Freund oder
- machen Sie vor dem Fernseher Gymnastikübungen (mindestens 5 verschiedene »Stellungen«, wie zum Beispiel Kniebeugen, Ein-Bein-Stehen, Brücke, Seilspringen, Armschwingen, Fahrradfahren, Beine in der Luft halten …) oder
- gehen Sie schwimmen oder
- gehen Sie tanzen oder
- gehen Sie zu Fuß auf den Fernsehturm, Rathausturm, höchste Erhebung in der Stadt, dreimal auf den Speicher etc.

7. Tag: Wiederholen Sie die beiden Trainingsschritte:
- Die Logik der Kreativität
- Das kreative Modell

Legen Sie heute einen phantastischen Tag ein!
Alle Gedanken sind erlaubt, heute darf einmal mental gesponnen werden!

18

Musterdenken

Wann erreicht der Mensch seinen kreativen Höhepunkt? Ist Kreativität ein Privileg des Alters? Fragen, die nur schwer zu beantworten sind! Denn was ist der Maßstab, die Meßlatte, für den kreativen Output? Ohne auf diese »philosophische Frage« näher einzugehen, kann ein genereller zeitlicher Zusammenhang zwischen Kreativität und Lebensalter fixiert werden.

Eine entscheidende kreative Hochphase im Leben aller Menschen kann sogar auf Tage genau bestimmt werden: Vieles spricht dafür, daß Kinder am Tag vor dem Schuleintritt ihren kreativen, schöpferischen Höhepunkt erreichen. Mit dieser Veränderung im Leben des Menschen vermindert sich dann das schöpferische Potential meist ein Leben lang mit zunehmender Geschwindigkeit.

Mit der Betonung auf meist! Man kann immer wieder darauf zurückkommen, daß jeder für diese Entwicklung selbst verantwortlich ist; das Gehirn ist trainierbar wie ein Muskel – diese Aussage schließt die Kreativität natürlich mit ein.

Was bis zum Schuleintritt selbst aktiv gestaltet und erfahren wurde, hat nun in vorgefertigten Strukturen zu erfolgen.

Etwas überspitzt ausgedrückt läßt das Kind in der Schule denken ! Denn der Lehrer präsentiert Lösungen, die vom Schüler zu übernehmen sind. Kritik beziehungsweise eigene Gedanken und alternative Lösungsansätze werden dabei oftmals nicht gern gesehen oder gar unterdrückt. Belohnt wird der Schüler, der den Lernstoff am besten wiederkäut!

Unser Schul- und Ausbildungssystem ist nicht darauf ausgerichtet, die Menschen zur eigenständigen Lösungssuche zu animieren, sondern bestehende Denkmuster zu übernehmen. Wir entfernen uns weg von der Innovation, hin zur Imitation!

Ziel dieser Trainingseinheit ist es, sich seiner Denkmuster bewußt zu werden, um so der Fremdbestimmung des Denkens entgegenwirken zu können beziehungsweise dies in Zukunft nicht mehr zuzulassen. In der 19. Trainingseinheit werden wir Werkzeuge kennenlernen, mit Hilfe derer die Denkmuster verlassen werden.

In der Schule werden wir alle mit umfangreichen Mustern versorgt. Sprache, Ausdruck, Regeln und Gesetze werden als (end-)gültige Rahmen unseres Daseins vermittelt.

Viele Menschen werden von diesen vorgefertigten Denkmustern so stark okkupiert, daß sie schließlich das individuelle Denken ganz einstellen; sie lassen denken. Diese »Arbeit« übernehmen dann oftmals die Medien, die Meinung wird gemacht! So machen sich zum Beispiel in Deutschland circa 5 Millionen Menschen in Form von gedruckten, überdimensionalen Schlagzeilen täglich ein Bild vom Leben und übernehmen diese »Informationsmuster« als eigene Meinung!

Wir alle denken in vorgefertigten Mustern! Das ist auch oft richtig, hätten wir doch sonst häufig Probleme, uns zurechtzufinden.

Schaltet zum Beispiel die Ampel auf Gelb, laufen unsere Gedanken in Mustern ab und lassen uns richtig reagieren: In einer Sekunde springt das Licht auf Rot, die Autos aus der Querstraße kreuzen die Fahrbahn, der Druck auf das Bremspedal bringt das Auto zum Stehen, in 2 Minuten geht die Fahrt gefahrlos weiter ...

Oder das Bedienen eines Computers: Zuerst das Gerät einschalten, Eingabe der Befehle zum Laden des Programms, Auswahl eines gespeicherten Schriftstückes, bearbeiten, formatieren, ausdrucken ...

Auf der Suche nach neuen Lösungen müssen wir diese Muster erkennen, da sie »nur« den Weg zur bereits bekannten, logischen oder naheliegenden Lösung aufzeigen. Das Erkennen von Mustern hilft einerseits, die Gesetzmäßigkeiten und unverrückbaren Regeln offenbar zu machen, und andererseits, das vorgefertigte Musterdenken zu entlarven.

Die kreative Idee liegt dann außerhalb dieser Denkmuster, versteckt sich gewissermaßen im Dickicht des Neulandes.

Die ProConSpek-5-Methode

Jede Aufgabenstellung ist mit Mustern belegt!

Seine individuellen Denkmuster kann man sich durch eine einfache Technik bewußt machen, die auf einer Methode von Edward de Bono aufbaut.

ProConSpek-5 ist keine Abkürzung für ein technisches Gerät, sondern stellt eine einfache Methode dar, Denkmuster zu entlarven.

Dabei wird eine Aufgabenstellung, ein Vorschlag oder ein Problem nach 3 Kriterien hinterfragt:

1. **Pro**
   Auflistung aller Argumente, Regeln, Meinungen, Erfahrungen, Wissen etc., die der Aufgabenstellung positiv, also produktiv zuzuordnen sind.
   Was spricht dafür?

2. **Contra**
   Bestimmung aller ablehnenden, negativen, contraproduktiven Argumente, Regeln, Meinungen, Erfahrungen, Wissen etc., die der Aufgabe entgegengesetzt werden können.
   Was spricht dagegen?

3. **Spekulation**
   Auflistung aller Argumente, auch solche aus Pro und Con, die spekulativ, also rein hypothetisch sind. Diese sind zuerst aufzuklären beziehungsweise zu verstehen und können erst dann in Pro oder Con aufgenommen werden.
   Was ist unklar?

Zu jedem dieser Kriterien sind nun mindestens 5 Argumente aufzuschreiben. Der Effekt dieser Übung liegt darin, 2 Extremstandpunkte einzunehmen, von denen zumindest der eine dem vorherrschenden Denkmuster widersprechen wird.

Außerdem entlarvt das Kriterium »Spekulation« viele Argumente in der Hinsicht, daß man oft dazu neigt, Meinungen und Wahrscheinlichkeiten als endgültige Fakten zu behandeln.

Im Ergebnis dieser Übung erkennt man dann häufig, daß die Lösung aufgrund fester Denkmuster entstanden ist und deshalb nicht zufriedenstellend ausgefallen ist beziehungsweise lediglich durchschnittliche Qualität besitzt.

Ein Beispiel soll die ProConSpek-5-Methode verdeutlichen. Der Vorschlag lautet: Ab 1.1.1993 dürfen Computer erst ab dem 18. Lebensjahr bedient werden.

Meine spontane (persönliche) Antwort auf diesen Vorschlag lautet: Nein! Wie komme ich zu dieser Einschätzung? Meine Denkmuster leiten mich eben eindeutig zu dieser Antwort: Computer sind ein wesentlicher Teil des gesellschaftlichen Lebens; Jugendliche müssen spielerisch an neue Techniken herangeführt werden; Computer sind absolut unschädlich; die Verteilung der EDV-Programme könnte kontrolliert werden und damit Schaden von den Jugendlichen abgewendet werden; Eltern sollen über den Einsatz selbst entscheiden, usw.

Versuchen wir, diesen (nicht ganz ernst gemeinten) Vorschlag einmal mit der ProConSpek-5-Methode zu hinterfragen.

Pro

1. EDV führt zur Vereinsamung der Jugendlichen/jegliche Kommunikation wird abgetötet.
2. Eltern durchblicken das Tun ihrer Kinder nicht mehr/Kontrolle wird erschwert.
3. Jugendliche verblöden vor dem Bildschirm durch stumpfsinniges, unkreatives Spielen.
4. Jugendliche werden zu passiven Befehlsempfängern einer gigantischen Industrie.
5. Aktive Denkarbeit wird auf den Computer delegiert/auf diese Weise wird der Bediener lethargisch und denkfaul.

Con

1. EDV gehört untrennbar zum Leben wie vor 50 Jahren die Spielzeugeisenbahn.
2. Der Vorschlag widerspricht dem Recht auf Selbstbestimmung der Eltern/Kinder.
3. Computer sollte heute jeder Jugendliche so früh wie möglich beherrschen, um für den Beruf vorbereitet zu sein.
4. Computer sind durch das interaktive Lernsystem eine gute Lernhilfe.
5. Die Bedienung von EDV birgt keine Verletzungsrisiken.

Spek

1. Wie kommunikativ sind Jugendliche, die mit EDV aufwachsen, im Vergleich zu solchen ohne diesen Kontakt?
2. Läßt sich die These halten, daß Kinder durch die EDV verblöden, beziehungsweise gibt es einen positiven Effekt?
3. Ließe sich solch eine Verordnung durchsetzen und kontrollieren? Gäbe es einen Schwarzmarkt?
4. Was wären die Ersatzbeschäftigungen der Jugendlichen? Kommt es zu gewünschten oder unerwünschten Alternativhandlungen?
5. Gäbe es mögliche Schädigungen durch stundenlanges Sitzen vor Computern (Augen, Strahlungen etc.)?

Ohne daß man bei diesem Beispiel sofort seine Meinung ändert, wird man doch dahingehend sensibilisiert, detaillierter über den Vorschlag nachzudenken. Außerdem basiert sowohl die Pro- als auch die Contra-Argumentation auf einem Gerüst von Spekulationen und Vermutungen.

Das Musterdenken tendiert in Richtung der einzigen, richtigen Lösung. Wir werden aber noch sehen, daß es niemals die Lösung geben kann. Denn jeder Mensch hat seine eigene, individuelle Wahrheit und somit auch eine individuelle Lösung. Es gibt Pro- und Con-Wahrheiten, die sich meist auf Spekulationsgerüsten aufbauen!

Der Wochenplan

1. Tag: Gibt es Bereiche in Ihrem Leben, in denen Sie denken lassen?
Bei welcher Gelegenheit übernehmen Sie Denkmuster der anderen (Medien, Partner, Vorgesetzter, herrschende Meinung ...)?
Machen Sie sich Ihre Denkmuster bewußt.

2. Tag: Wie verhalten Sie sich als Vorgesetzter: Belohnen Sie Leistungen Ihrer Mitarbeiter nach den Ihnen willkommenen, erwarteten Mustern?
Oder fördern Sie auch Querdenkerlösungen?
Wie verhalten Sie sich gegenüber Ihrem Vorgesetzten?

3. Tag: Akzeptieren Sie in Ihrem Fachgebiet nicht alle «abgesicherten« Erkenntnisse! Nicht Imitation ist das Ziel, sondern Innovation.
Übertragen Sie die Idee der Schulmedizin versus Alternativmedizin auf Ihr Wissensgebiet.
Suchen Sie nach neuen Wegen.

4. Tag: Finden Sie 5 Tätigkeiten in Ihrem Tagesablauf, die nach festen Mustern ablaufen. Schreiben Sie die wesentlichen Muster auf:

1. ______________________________
2. ______________________________
3. ______________________________
4. ______________________________
5. ______________________________

5. Tag: Lesen Sie heute einmal die Bild-Zeitung (oder den Express, die Abendzeitung, die Morgenpost ...). Werden dem Leser durch die Formulierung der Nachrichten Denkmuster vorgegeben, oder muß er sich diese selbst bilden?

6. Tag: Hinterfragen Sie einige der heute zu fällenden Entscheidungen mit Hilfe der ProConSpek-5-Methode.
Beispiel: »Man sollte seinem Partner täglich ein Geschenk machen.«
«Ab sofort werden zwei Tage pro Woche zur fernsehfreien Zeit erklärt.«
«Ab nächstem Jahr wird im Unternehmen mindestens eine Hierarchiestufe ersatzlos gestrichen.«
Ziel: Jeweils 5 Argumente finden!

7. Tag: Überraschen Sie heute eine Ihnen nahestehende Person, indem Sie eines Ihrer typischen Muster verlassen (zum Beispiel Blumen mitbringen, lächeln beim Frühstück, Milch zum Abendessen trinken, mit dem Pförtner eine Weile plaudern, eine total bunte Krawatte anziehen, keine Krawatte tragen, den Vorgesetzten loben ...). Beobachten Sie die Resonanz!

19

Denkmuster verlassen

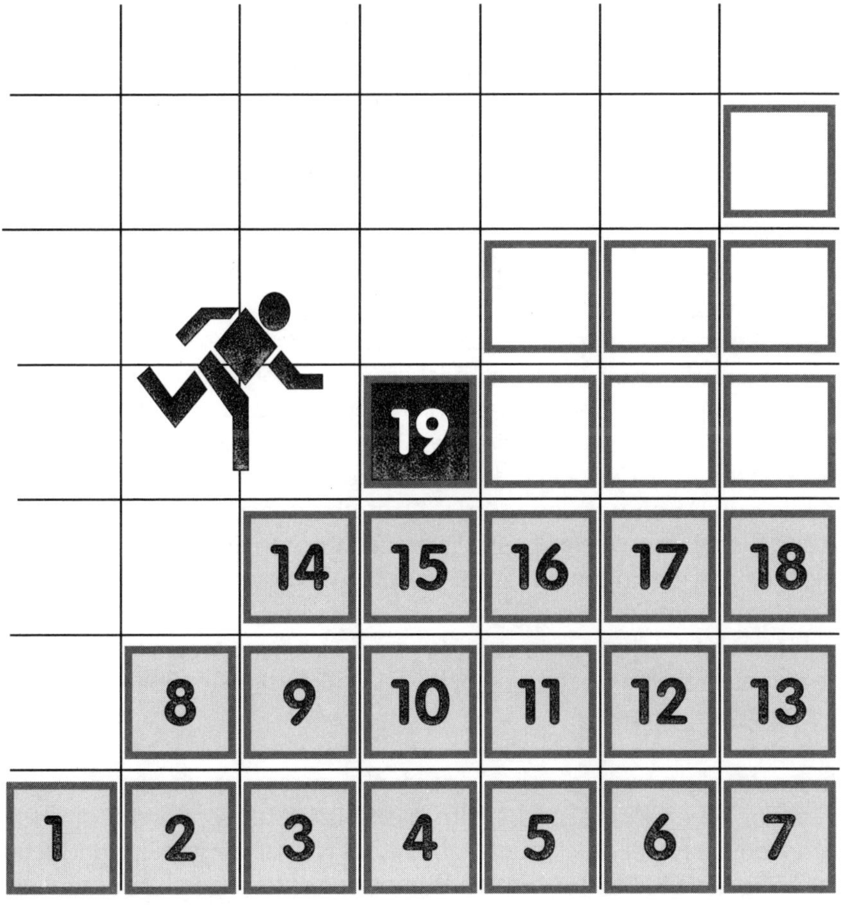

In der vergangenen Woche konnten Sie beobachten, wie viele Menschen den Alltag nach festen Schemen und Mustern verbringen. Bei einer Vielzahl von Verhaltensweisen sind diese Muster auch sinnvoll und oft notwendig, um sicher durch den Tag zu kommen und Schaden von sich fernzuhalten (Verhalten im Straßenverkehr, beim Zusammenleben oder im Beruf, Regeln des Anstands, Anerkennung von Obrigkeiten etc.).

Genauso wie unser Verhalten nach gelernten Regeln und Schemen abläuft, haben wir uns das Denken in Mustern angewöhnt. Die Mehrzahl unserer Verhaltens- und Denkmuster können auch als sehr sinnvoll angesehen werden!

Solange wir aber dieses Umfeld der Verhaltens- und Denkmuster nicht verlassen, bleiben wir auf den ausgetretenen Pfaden von Wissen, Erfahrung und Routine. Viele Menschen streben danach, diesen Parcours auch gar nicht zu verlassen, da er sicheres Terrain bedeutet.

Wollen wir nun kreative Ideen entwickeln, müssen wir zwangsläufig dieses Sicherheitsnetz, bestehend aus Mustern, verlassen.

Ziel dieser Trainingseinheit ist es, die Regeln zu brechen. Jeder Denkprozeß kann entweder nach logischen, bekannten Regeln und Gesetzmäßigkeiten ablaufen oder aber regelwidrig, phantasievoll, unlogisch gesteuert sein.

Keine Regel hat unumschränkte Gültigkeit. Suchen wir die Ausnahme von der Regel!

Ein amüsantes Beispiel soll dies verdeutlichen:

Alexander der Große kam im Jahre 333 v. Chr. nach Asien in die Stadt Gordion, um Quartier zu machen. Während dieses Aufenthalts hörte er von dem sagenumwobenen Gordischen Knoten. Zu dieser Zeit wurde prophezeit, daß derjenige, der diesen komplizierten Knoten lösen kann, König von Asien werden würde. Daraufhin machte sich Alexander auf, dieses Problem zu lösen. Er studierte den Knoten eine Weile, konnte aber nicht einmal die Enden des Seiles finden. »Wie kann der Knoten nur gelöst werden?« fragte er sich.

Plötzlich kam ihm die Idee: »Man muß nur seine eigenen Entknotungsregeln aufstellen!« Er zog sein Schwert und zerhieb ihn mit einem Schlag. Asien gehörte ihm!

Jede Regel kann gebrochen werden! Einstein brach die Regeln der Newton'schen Physik und stellte die Relativitätstheorie auf; die Beatles brachen die Regel, Rockmusik habe nichts mit Klassik gemein, und schufen so völlig neue Stilrichtungen; die Bürger der ehemaligen DDR brachen die

Break the rules!

Das Marathon-Prinzip

Regel, daß die Mauer unüberwindbar und endgültig sei; Hitler brach (fast) die Regel, daß es einem einzigen Wahnsinnigen nie gelänge, die Welt zu erobern; die Swatch-Uhr brach die Regel, daß Uhren ausschließlich Zeitmesser und Prestigeobjekt seien …

Diese »Regelverstöße« kommen auch im Sport immer wieder vor: Der Hochspringer Dick Fosbury brach die Regeln des Sprungstils, indem er nicht wie alle anderen vorwärts, sondern erstmals 1967 rückwärts über die Latte sprang und so 1968 Olympiasieger wurde; in der Disziplin des Brustschwimmens wurden circa 1935 die Regeln auf den Kopf gestellt, indem plötzlich einige Schwimmer mit dem Schmetterlingsarmschlag der Konkurrenz davonschwammen. Als Folge daraus wurde Schmetterling, circa 15 Prozent schneller als der klassische Bruststil, im Jahre 1953 zur eigenen Disziplin erklärt; im Skilanglauf kam vor einigen Jahren der »Regelbruch« durch den Übergang vom Grätenschritt zum deutlich schnelleren Schlittschuhschritt; die Skispringer brachen die Regeln, indem sie durch die V-Haltung der Skier zwar nicht besonders elegant aussahen, aber doch deutlich weiter flogen.

Die Innovationen in allen Disziplinen, ob Technik, Marketing, Kultur, Sport, Kochen, Politik oder Design, kommen durch das Verletzen bisher gültiger Regeln.

Deshalb muß man sich immer die Frage stellen: Welche Regel kann gebrochen werden?

Beim Regelbrechen geht man folgendermaßen vor:

1. Auflistung der Regeln und Gesetzmäßigkeiten (Muster),
2. Aufbrechen jeder einzelnen Regel und Aufstellen von Alternativregeln.

Testen wir doch das »Regelbrechen« am Beispiel der Aufgabe aus dem Kreativitätscheck am Anfang des Buches(Aufgabe 10). Es ging darum, daß auf einer Zeitung 2 Menschen stehen, die sich, ohne die Zeitung zu verlassen, nicht berühren dürfen.

Listen wir zuerst die Regeln auf:

A. Wir haben eine Zeitung, die aufgeschlagen ist (Format circa 100 x 70 cm).
B. 2 Personen stehen darauf.
C. Das Verlassen der Zeitung ist nicht erlaubt.
D. Die Personen dürfen sich nicht berühren.

Als Lösung kommt vordergründig nur in Frage, daß die beiden Personen sich eben freiwillig nicht berühren. Richtig!

Gibt es aber noch eine andere Lösung, die eine Berührung auf jeden Fall verhindert? Brechen wir doch einige Regeln oder stellen neue auf, die allen Einschränkungen genügen. Kommen wir so zu neuen Lösungen:

Zu A. Wir könnten die Zeitung in 2 Teile zerreißen und diese Teile in 3 Meter Entfernung plazieren – und schon ist eine Berührung unmöglich!

Zu B. Eine Person könnte auf der Oberseite stehen, die andere auf der Unterseite – schon ist eine Berührung unmöglich.

Zu C. Man fesselt die beiden Personen jeweils an eine Art Marterpfahl, so daß sie auch wirklich nicht von der Zeitung »fallen« können – schon ist eine Berührung unmöglich.

Zu D. Legen Sie die Zeitung genau in den Durchgang von einem Zimmer in das andere und schließen dann die Türe – schon ist eine Berührung unmöglich.

(PS: Es gibt übrigens noch einige andere sehr clevere Lösungen! Wenn Sie eine gefunden haben, schicken Sie sie an mich – Sie bekommen dann von mir wieder eine zurück!)

Dieses Vorgehen zeigt auch, daß wir uns selbst sehr viele Regeln und Gesetzmäßigkeiten aufstellen, die es gar nicht gibt. Unser Leben, und damit auch alle unsere Aufgabenstellungen, werden nur durch einige wenige, unverrückbare Grundsätze geregelt. Der Rest ist Interpretationssache.

So hat bei dem obigen Beispiel eben niemand verboten, daß das Papier nicht zerrissen werden darf; auch der Einbezug von Hilfsmitteln war nicht untersagt.

Regeln im Lauf der Zeit

Das Hinterfragen und Brechen von Regeln fördert unzweifelhaft das kreative Denken und führt so zu neuen Regeln und Gesetzmäßigkeiten.

Es gibt aber noch einen weiteren Grund, die herrschenden Denkmuster ständig anzuzweifeln: die Zeit!

Denn wir neigen zu folgenden Verhaltens- und Denkweisen:

Heute: Wir stellen Regeln beziehungsweise Alternativregeln auf, die helfen, eine Aufgabenstellung oder ein Problem zu lösen beziehungsweise ein Ergebnis zu optimieren. Die Lösung wird als sinnvoll und gut anerkannt!

Morgen: Wir wenden diese Regeln mit Erfolg an. Zeit vergeht, und nichts ist stetiger als der Wandel; vieles verändert sich!

Übermorgen: Die ursprünglichen Ursache-Wirkungs-Beziehungen zu diesen Regeln verschieben sich und verlieren an Gültigkeit. Wir aber neigen dazu, diesen Regeln weiter zu folgen!

Was heute richtig ist und auch Erfolg bringt, kann morgen schon überholt sein. Übermorgen sollte es spätestens schon wieder angezweifelt werden!

Im Zeitablauf ergeben sich zwangsläufig neue Muster. Dies sollten wir als immerwährende, nicht versiegende Chance sehen, neue Lösungen zu finden.

Kreativ im Lauf der Zeit

Das Marathon-Prinzip

Der Wochenplan

1. Tag: Beobachten Sie sich und Ihre Umwelt: Wir leben in einem Dickicht von Verhaltens- und Denkmustern. Gliedern Sie Ihre Muster in positive, gewünschte und in negative, unerwünschte! Machen Sie sich Muster bewußt!

2. Tag: Verlassen Sie einige als positiv erkannte Muster. Verletzen Sie einige Regeln. (Vorsicht: Gefährden Sie sich nicht dabei und mißachten Sie bitte keine staatlichen Gesetze!) Werden die Regeln auch nach dem Musterwechsel noch als gut anerkannt?
Wie reagieren andere auf Ihr Verhalten?

Beispiele: Bezahlung der Tageszeitung mit Euroscheck; Formulierung des Besuchsberichts in Stichworten und mit grafischen Symbolen ergänzt; während der Abteilungsbesprechung die Füße auf den Tisch legen; einen Arbeitsvorgang vorsätzlich verändern.

3. Tag: Verlassen Sie einige als negativ und unerwünscht erkannte Muster!
Beispiele: Mitarbeiter ausdrücklich um ihre Meinung bitten und deren Vorschlag annehmen und umsetzen, nicht zufrieden sein mit der erstbesten, naheliegenden Lösung; offener Widerspruch gegenüber Vorgesetzten, wenn Ansichten abweichen …

4. Tag: Stellen Sie zu allen heutigen Aufgaben eine Regelliste auf. Streichen Sie alle Interpretationen und Einschränkungen, basierend auf Erfahrung, Einschätzung oder Wissen. Es gibt nur sehr wenige »Grundgesetze«.

5. Tag: Finden Sie Auswege aus dem Regeldickicht!
Akzeptieren Sie kein Muster als endgültiges.
Absolutmuster wie »zu teuer«, »in dieser Zeit nicht machbar«, »versteht keiner«, »widerspricht der Erfahrung« sind meist nicht haltbar.

6. Tag: Versuchen Sie einen Teilbereich Ihres Fachgebietes zu analysieren. Was hat sich in den vergangenen 3 bis 5 Jahren verändert? Welche Muster wurden verändert, ungültig, variiert, bestehen heute noch? Erkennen Sie die Dynamik der Zeit!

7. Tag: Hinterfragen Sie täglich einige Ihrer beruflichen und privaten Muster! Welche Muster sind bereits angestaubt und wandlungsbedürftig?

20

Humor

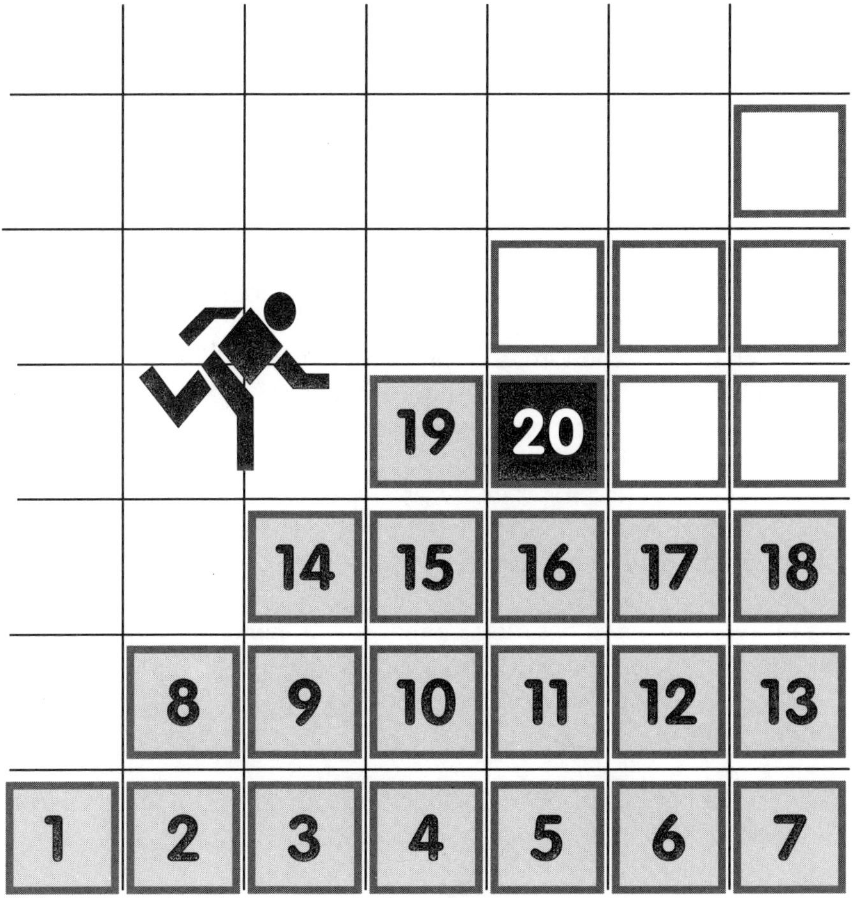

Dieser Trainingsabschnitt wird die reinste Erholung, es geht um das Thema Humor! Für viele Leser werden aber die folgenden Übungen des Wochenplans nur mit großer Mühe und Überwindung zu durchlaufen sein. Wer nicht schon eine humoristische Ader hat, wird sich gar nicht so leicht tun, plötzlich witzig zu werden! Denn dabei handelt es sich um eine besondere Fähigkeit, die meiner Meinung nach ein wichtiger Baustein für mehr Kreativität darstellt.

Dieses Kapitel soll uns weniger zum guten Witzeerzähler oder Clown machen, sondern ein humoristisches Selbstverständnis vermitteln, damit wir uns und die Welt gelassener sehen können. Denn die spielerische Beschäftigung mit Aufgabenstellungen fördert den kreativen Ertrag unseres Denkens.

Haben Sie sich schon einmal selbst analysiert, unter welchen Umständen Ihnen die besten Einfälle kommen? Die Antworten von vielen Teilnehmern meiner Seminare zeigen, daß es im wesentlichen 2 Situationen für kreative Einfälle gibt:

1. Der Zwang und die Notwendigkeit, neue Ideen und Lösungen zu finden. Immer dann, wenn es die Umstände zwingend erfordern, muß die »rettende« Idee kommen. Das gelingt auch in vielen Fällen, kann aber nicht als Handlungsmaxime angesehen werden. Not macht erfinderisch – aber auf Dauer wirkt sie entkräftend.
2. Der spielerische Umgang mit der Aufgabenstellung ist oftmals der Nährboden für Ideen. Ausgerechnet das Gegenteil von »Not«, nämlich das entspannte, oft ziellose Kreisen der Gedanken um die Aufgabenstellung führt zum Geistesblitz (während man in der Badewanne liegt und mit dem Wasser spielt, beim Autofahren die Landschaft genießt ...). Spiel und Humor gehören, wie wir noch sehen werden, sehr eng zusammen.

Die Notwendigkeit ist das Medikament, die Krankheitserreger zu bekämpfen und so die Gesundheit (Innovation) beschleunigt wiederherzustellen.

Spiel ist die Prophylaxe, die Vorbeugung, um die Gesundheit (Innovation) zu erhalten!

Wie können wir nun unseren Spieltrieb fördern, um unsere kreative Gesundheit zu stärken?

Spiel ist kreative Gesundheit

Das Marathon-Prinzip

Dazu einige Vorschläge:

A. Sich selbst nicht so ernst nehmen

Wir finden bei jedem Menschen Eigenschaften und Verhaltensweisen, über die man schmunzeln kann. Also auch bei uns selbst – so steigern wir unsere Souveränität und signalisieren anderen, daß wir offen sind nach allen Seiten.

B. Alles ist Spiel

Ist nicht unser ganzes Leben ein einziges Spiel? Es beginnt mit der Geburt und wird eines Tages abgepfiffen. Wir sollten in diesem Spiel möglichst gut mitspielen und versuchen zu gewinnen. Aber in keinem Spiel gibt es den ewigen Gewinner und Verlierer – es wird der Tag der Niederlage oder des Sieges kommen. In der Gewißheit, daß dieser Tag unabwendbar kommen wird, kann man das Spiel genießen und mit Freude daran teilnehmen. Spielen macht Spaß – allerdings nur dann, wenn der Ausgang ungewiß ist.

C. Verrückt sein

Mit wem unterhält man sich lieber auf einer Party: mit dem Gesprächspartner, der trocken und langatmig diskutiert oder mit dem witzigen, humorvollen Gegenüber, das Neues und Ungewöhnliches zu erzählen hat? Die Welt und das Leben sind ohnehin bierernst, seriös und sachlich; unterstützen wir nicht ständig diese »kalte Atmosphäre«! Etwas mehr Verrücktheit kann niemandem schaden. Öfters mal den Rückwärtsgang einlegen.

D. Humor entwickeln, witzig sein

Das beste Mittel, um eine Abteilungsbesprechung erfolgreich abzuhalten, ist Humor! Nach einer halben Stunde konzentrierten Arbeitens sinkt die Aufmerksamkeit und die Stimmung aller Teilnehmer drastisch ab, so daß ein Witz oder eine humorvolle Bemerkung Wunder bewirken kann. Die Atmosphäre wird schlagartig positiv aufgeladen, die Bereitschaft zur aktiven Mitarbeit steigt deutlich an. Ein Klima des Lachens fördert die Kreativität ungemein.
Kein Wunder, daß viele Topmanager ausschließlich nach festen, traditionellen Denkmustern arbeiten und handeln: Diese eisige, todernste Stimmung auf der Chefetage ist geradezu sprichwörtlich innovationsfeindlich! (Ein Topmanager hat ja auch nichts zu lachen; die Aufgaben sind eben so wichtig und bedeutend, daß man dabei grimmig dreinschauen muß, schon allein des Images wegen!)

Der Witz kann nur aufgrund des Wechsels von einem Gedankenmuster zum anderen lustig sein. Er kommt nur dann gut an, wenn es gelingt, bei dem Zuhörer einen Musterwechsel zu initiieren. Ist die Pointe nur das logische oder erwartete Ende der Geschichte, gibt es eben nichts zu lachen. Nur der Sprung auf eine andere Ebene bringt den gewünschten Effekt. Kennt man den Witz bereits, dann läuft die Information durch einen bereits angelegten Kanal und verliert so an »Innovationsgrad«.

Der Wochenplan

1. Tag: Analysieren Sie Ihr Humorpotential! Sind Sie mehr ein ausgelassener, fröhlicher, spinniger, also »luftiger Typ« oder eher der analytische, ruhige, ernste oder »bodenständige« Mensch? Machen Sie eine ehrliche Bestandsaufnahme.

2. Tag: Entwickeln Sie viele Ideen aus der Situation der Not heraus? Werden Lösungen oftmals aufgrund von Termindruck, Mitbewerberaktivitäten, ökonomischem Zwang etc. geboren? Kommen dabei wirklich die besten Lösungen zur Anwendung?
Wie verhalten Sie sich als Vorgesetzter?

3. Tag: In welchen Situationen haben Sie die besten Ideen? Beim Sport, im Auto, beim Spazierengehen, in gelöster Runde mit Freunden ... (Unter Alkoholeinfluß? Vorsicht: Drogen steigern nur kurzfristig den Ideenfluß, schon nach kurzer Zeit lähmen Drogen das kreative Denkvermögen.)

4. Tag: Lachen Sie doch heute einmal über sich selbst!
Es gibt mit Sicherheit genügend Anlässe (schon morgens vor dem Spiegel; wenn Sie sich wieder mal besonders schlau oder wichtig vorkommen; etwas mißglückt ist; ein Gesprächspartner Sie für besonders kompetent hält und überhaupt nicht bemerkt, daß Sie es in Wahrheit gar nicht sind ...)
Lassen Sie auch einmal (ungestraft) andere über sich lachen!

5. Tag: Wie steht es in Ihrem »Lebensspiel« (beruflich und privat)? Sie können unmöglich immer gewinnen! Kalkulieren Sie die Niederlage fest ein – dann spielt es sich mit sehr viel mehr Freude. Genießen Sie die Erfolge genauso wie die Niederlagen!
Spielen macht Spaß!

6. Tag: Machen Sie heute etwas total Verrücktes!
Verändern Sie die Welt, damit es Spaß macht, dabeizusein. Erledigen Sie eine berufliche Aufgabe völlig anders, als von allen erwartet!

7. Tag: Bringen Sie heute mindestens 3 Leute zum Lachen!
Bei der nächsten Besprechung (Abteilung, Kunde, Familie ...) sorgen Sie dafür, daß spätestens nach 30 Minuten die ganze Runde lacht!

21

Fehler und Zufälle

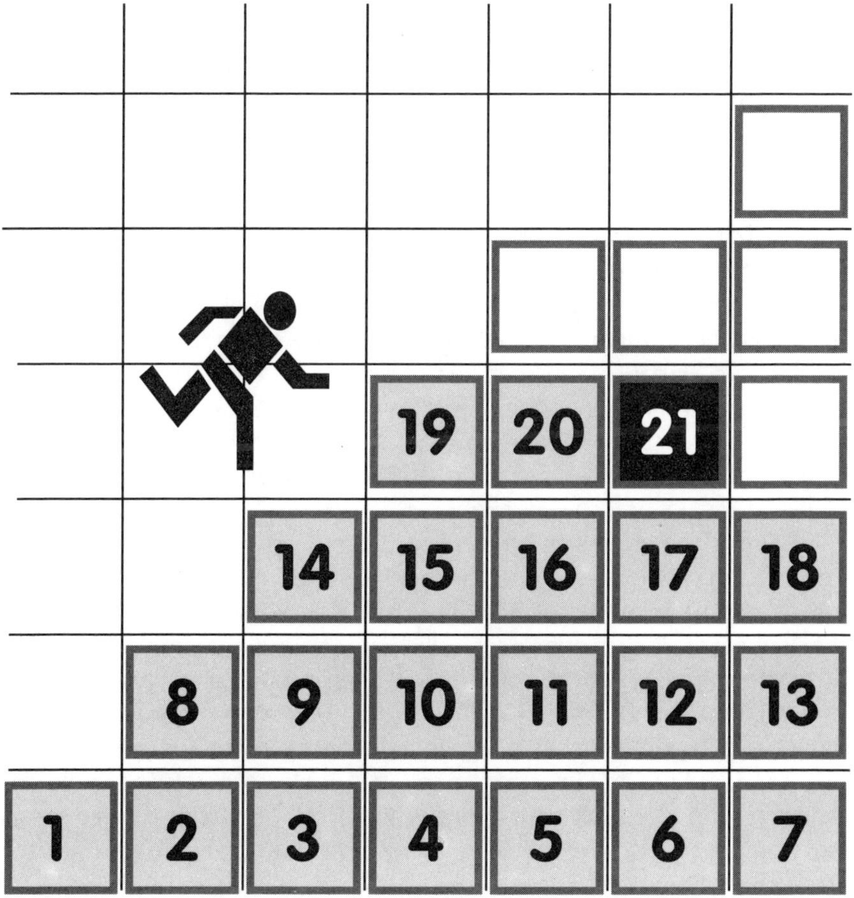

Was bedeutet es, wenn man in der Schule die Note 1 bekommen hat? Dem Schüler wird mit dieser Bewertung bestätigt, daß er mindestens 90 Prozent der Aufgabe fehlerlos bearbeitet hat. Je schlechter die Note ausfällt, desto mehr Fehler wurden gemacht. So errechnen sich die Schulnoten nach ungefähr diesem Schlüssel:

Note 1:	90 Prozent richtig; 10 Prozent fehlerhaft
Note 2:	80 Prozent richtig; 20 Prozent fehlerhaft
Note 3:	70 Prozent richtig; 30 Prozent fehlerhaft
Note 4:	60 Prozent richtig; 40 Prozent fehlerhaft
Note 5:	50 Prozent richtig; 50 Prozent fehlerhaft
Note 6:	über 50 Prozent fehlerhaft

Wir lernen, möglichst den Fehler zu vermeiden! Sind aber nicht Fehler eine wesentliche Quelle für neue Ideen? Kann eine Idee überhaupt ohne vorgeschaltete Fehler produziert werden?

Wieder einmal zeigen uns Kinder, wie man neue Lösungen am besten findet: durch Versuch + Irrtum!

Beim Spielen mit Legosteinen versucht das Kind zum Beispiel, einen Turm zu bauen; das Zusammenstecken der Spielsteine wird so lange variiert, bis die Stabilität ausreicht, den Turm noch höher zu bauen!

Der Versuch, von den Eltern Süßigkeiten zu bekommen, bleibt lange erfolglos; bis endlich der richtige Dreh gefunden ist, die Argumente wirkungsvoll einzusetzen (das kann sein ewiges Betteln sein; die Benachteiligungsstrategie gegenüber Geschwistern, Liebesentzug, nervtötendes Verhalten, Geschrei, Schmollen, Versprechen einer Gegenleistung, heimliches Stibitzen, Partei ergreifen, das heißt, den Vater gegenüber der Mutter ausspielen und umgekehrt...).

Lösungen ergeben sich eben nicht durch Versuch + richtig! Der Fehler gehört zur Lösungssuche wie die Ausdauer beim Angeln. Der Angler wird wechselnde Köder einsetzen, den Haken an verschiedenen Stellen auswerfen, sein Glück zu unterschiedlichen Zeiten versuchen oder geduldig ausharren. Vielleicht muß er lange warten (viele Fehler machen), bis er endlich ans Ziel kommt!

Wir alle haben das in der Schule geforderte Vermeiden von Fehlern in unseren Denkprozeß übernommen – das Fehlerlose wurde ja auch immer belohnt! Um neue Ideen zu entwickeln, müssen aber Fehler gemacht werden! Das heißt, wir sollten den Fehler wieder zulassen und positiv mit ihm umgehen.

Das »Fehlerdenken« kann so ablaufen:

1. Schritt

Bewußtmachen, daß Fehler und damit Mißerfolge oftmals der Grundstein für spätere Erfolge sind!
Ich selbst habe zum Beispiel den Fehler gemacht, vor einigen Jahren die Arbeitsstelle und den Wohnort, nur wegen meiner damaligen Freundin, zu wechseln. Dieses Verhalten stellte sich schnell als absoluter Blödsinn heraus; heute sage ich rückblickend, daß dies dennoch das Beste war, was ich tun konnte. Beruflich wie privat half mir dieser Fehler letztendlich ungemein weiter! Fehler sind nun einmal systemimmanenter Bestandteil für Weiterentwicklung und Innovation! Wer keine Fehler macht, macht auch keinen Fortschritt. Und Fehler sind im kreativen Prozeß denn auch die Nahrung der Frustration, eines systemimmanenten Bestandteils des kreativen Prozesses.

2. Schritt

Lernen, Fehler zu machen !
Ist der Fehler als notwendig erkannt und, speziell zur Lösungsfindung, als positiver Schritt akzeptiert, gilt es nun alle Lösungsschritte aufzufinden, die nicht zum gewünschten Erfolg führen! Dazulernen (= neue Lösungen produzieren) kann nur durch Versuch + Irrtum funktionieren.

Sehr viele überaus erfolgreiche Geschäftsleute, Erfinder und Wissenschaftler haben einige katastrophale Erfahrungen und Enttäuschungen erlebt, bevor sie den großen Durchbruch erzielten. Diese Menschen haben Fehler und Mißerfolge aber, im Gegensatz zu allen anderen, als »notwendige Teilschritte« auf dem Weg zum Erfolg akzeptiert und haben unbeirrt weitergearbeitet.

Besonders in der Forschung werden oftmals Hunderte von Fehlern gemacht, ehe die »Erleuchtung« kommt. So hat zum Beispiel Edison circa 1000mal die Glühbirne falsch konstruiert, bis es dann schließlich geglückt ist!

3. Schritt

Nicht die richtige Antwort ist das Ziel, sondern die innovative Idee!
In der Schule lernen wir die richtigen Antworten, das heißt, keine Fehler

zu machen. Oft ist der Fehler aber auch die bessere Lösung – was man allerdings häufig nur dann erkennt, wenn man dem Fehler aufgeschlossen gegenübersteht. Denn mit innovativen Ideen werden meist keine offenen Türen eingerannt, sondern es türmen sich hohe Mauern der Ablehnung auf. Viele Antworten werden schlicht zum Fehler erklärt, unabhängig von der Lösungsqualität.

Nehmen wir das Beispiel der Medizin: Viele Therapiemethoden, die heute als richtig und sinnvoll anerkannt sind, wurden vor einigen Jahren noch als völlig ungeeignet für den Heilungsprozeß angesehen. Umgekehrt gilt das gleiche: Richtige Antworten (zum Beispiel in Form von Pillen und Medikamenten) werden plötzlich als fatale Fehleinschätzungen entlarvt.

Das Zu-Falls-Prinzip

Auch der Zufall ist oftmals der Pate des Erfolgs! Unbeabsichtigte oder belanglose Vorkommnisse können die Quelle der Idee sein. Ein visueller Reiz, das Stichwort eines Gesprächspartners, die falsch verstandene Erklärung oder die unbewußte Ablenkung können den Geistesblitz ermöglichen. Leider ist der Zufall aber nun einmal zufällig, also Schicksalssache!

Wie können wir den Zufall nun herausfordern? Wir brauchen ein Kommando, auf das uns die Ideen zufallen.

Ganz einfach! Wir fordern das Schicksal heraus! So wie wir zufällig Menschen kennenlernen können: indem wir zum Beispiel heute die zehnte Person, die eine Brille trägt und uns im Supermarkt entgegenkommt, ansprechen.

Lassen wir uns doch Ideen zufallen. Das Vorgehen:

1. Problemstellung festlegen.
2. Quelle des Zufalls definieren (zum Beispiel ein Mensch, Buch, visueller Reiz …).
3. Bestimmung eines wirklich zufälligen Reizes.
4. Kombination von Problemstellung mit dem zufälligen Reiz.

Ein Beispiel soll den Zu-Falls-Prozeß verdeutlichen:

1. Die Aufgabe lautet, ein neues Vermarktungskonzept für ein Getränk zu entwickeln.
2. Die Quelle des Zufalls soll der nächste Blick aus dem Fenster sein.
3. Reiz: Ein Motorrad ist die erste Wahrnehmung.
4. Kombination:
   - eine neue Flasche, die nur mit Parkhilfe gerade steht;
   - ein Getränk mit Zylinderverschluß; je nach Qualität 1, 2 oder gar 3 Zylinder als Qualitätssiegel;
   - darf nur mit Helm beziehungsweise Kopfbedeckung getrunken werden;
   - der rollende Reifen als »Mühlrad« zum Mixen geeignet;
   - der Gepäckträger an der Flasche; darauf ein Ergänzungsgetränk beziehungsweise der Individual-Alkoholgehalt-Mixer (Reservetank für mehr Prozente);
   - der Sozius; das Mono- oder Duogetränk; die 2. Flasche hält sich an der ersten fest;
   - der Drehzahlmesser des Getränkes: Anzeige des Alkoholgehalts, der Temperatur, der Lagerdauer, der Haltbarkeit (roter Bereich).

Bei dieser Übung fallen einem unzählige Ideen zu. Die Quelle des Zufalls könnte zum Beispiel auch ein Buch sein (das 5. Wort auf Seite 145, 3. Zeile) oder ein Mitarbeiter (an was hat er im Moment gedacht) oder ein Zeitpunkt (der visuelle Reiz in genau 5 Minuten) usw.

Wichtig bei dem Zu-Falls-Prinzip ist, daß man sich auch tatsächlich durch Zufälle stimulieren läßt. Jeder Zufall, auch der total unpassende, produziert neue Lösungsansätze. Die Erfahrung zeigt, daß ausgerechnet die verrücktesten Zufälle die besten Ergebnisse bringen.

Der Wochenplan

1. Tag: Überprüfen Sie Ihr eigenes Leben! Was waren in den vergangenen 3 Jahren beruflich und privat Ihre größten Fehler?

Privat:
1. ______________________
2. ______________________
3. ______________________

Beruf:
1. ______________________
2. ______________________
3. ______________________

Wie haben sich diese Fehler mittel- und langfristig ausgewirkt? Waren sie die Grundlage für positive Entwicklungen?

2. Tag: Beobachten Sie Ihr Umfeld: Jeder versucht, Fehler zu vermeiden! Führt das eher dazu, das Bestehende zu bewahren oder Neues zu wagen?
Was unterscheidet die Erfolgreichen von allen anderen: Ist es nicht auch die Risikobereitschaft, sprich die Fehlerbereitschaft?

3. Tag: Finden Sie Lösungen meist sehr schnell und unkompliziert?
Dann sind Sie entweder unterfordert, oder Sie geben sich mit den Standardlösungen zufrieden. Innovativen Ergebnissen gehen meist eine Reihe von Fehlversuchen voraus.
Irren Sie sich doch auch einmal!

4. Tag: Betrachten Sie »konstruktive« Fehler als positiv und wertvoll. Nur der wiederholte gleiche Fehler ist zu kritisieren.
Wie reagieren Sie auf eigene Fehler und die der anderen?
Fehler sollten nicht untersagt werden.

5. Tag: Bearbeiten Sie heute eine Aufgabe nach folgendem Zu-Falls-Prinzip: Der Zufallsreiz ist das fünfte Hauptwort des Leitartikels der heutigen Tageszeitung.

6. Tag: Definieren Sie eine Aufgabenstellung, die noch ungelöst ist (beziehungsweise bei der nur die logische Standardlösung vorliegt), und reizen Sie sich durch folgenden Zufall:
Der visuelle Reiz beim Blick in den Garten, auf die Straße, in die Kantine ... in genau 10 Minuten. Das kann ein Gegenstand, Tier, Gefühl, Stimmung, Wort, Geräusch etc. sein. Achten Sie darauf, daß es wirklich Zufall ist und nicht ein gewollter oder gewünschter Reiz!

7. Tag: Riskieren Sie, heute einen Fehler zu machen!
Fordern Sie den Fehler heraus und probieren Sie ein neues Kochrezept aus oder fachsimpeln Sie mit einem fachfremden Kollegen oder spielen Sie erstmals in Ihrem Leben Tischtennis oder erkennen Sie das Parfum Ihres Partners oder machen Sie sich an ein neues EDV-Textverarbeitungsprogramm ...

22

Zurück in die Zukunft

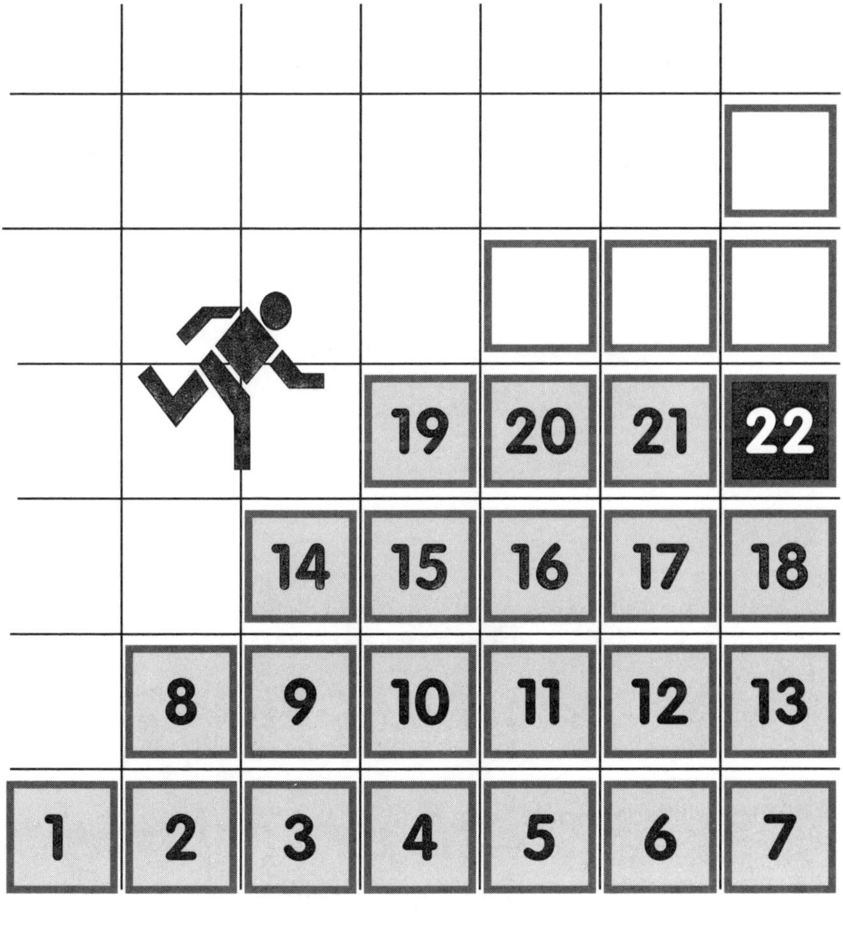

Einer meiner Lieblingsfilme ist »Zurück in die Zukunft« (»Back to the Future«). Darin wird die Geschichte eines Jungen erzählt, der mit Hilfe einer Zeitmaschine (dem »Flux-Kompensator«) durch ein Mißgeschick in der Vergangenheit landet. Dort verliebt sich seine Mutter in ihn, und die Geschichte wird auf den Kopf gestellt!

Die 22. Trainingseinheit ist diesem Film gewidmet, da die nun präsentierten Kreativitätsschritte mich immer wieder an diesen Film erinnern!

3 wesentliche kreativitätsfördernde Maßnahmen werden im folgenden besprochen:

A. Positiv in die Zukunft sehen.
B. Anwendung der »lösungsfreien Methode«.
C. Formulierung von »Alternativfragen«.

Den ersten Schritt möchte ich an einem Beispiel verdeutlichen. Versetzen Sie sich doch für 5 Minuten in die Situation, den Vorschlag für ein neu konstruiertes Motorboot zu beurteilen! Die Form des Bootes ist im Ansatz hier dargestellt:

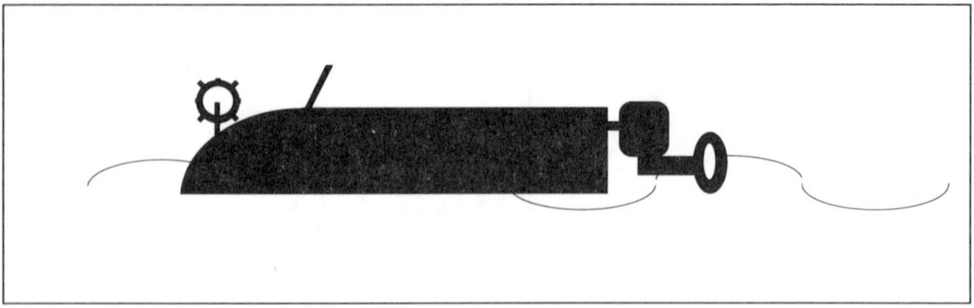

Was halten Sie von diesem Vorschlag? Ich habe dieses Bild meinen Seminarteilnehmern vorgelegt und in etwa folgende Bemerkungen dazu erhalten:

- Das Boot wird schon bei geringer Geschwindigkeit absinken.
- Die Wasserverdrängung führt zum Eintauchen des Buges und damit zum Kentern.
- Die Spitze des Bootes liegt zu tief.
- Die Strömungs- und Verdrängungsgesetze werden mißachtet.
- Das Steuerrad ist viel zu weit vorne angebracht usw.

Chancendenken

Das Marathon-Prinzip

Was fällt bei diesen Kommentaren auf? Wir tendieren dazu, zuerst die Gründe und Argumente zu suchen, die gegen einen Vorschlag sprechen.

Unser Wissen und die Logik liefern ja auch sofort die nötigen Fakten – wir denken in Denkmustern.

Wenn Sie dieses Bild Kindern vorlegen, bekommt man erstaunlicherweise völlig andere Antworten! Den Kindern fehlt eben noch das nötige Hintergrundwissen; die Phantasie kann noch ungehindert strömen, da keine Logik (der natürliche Feind der Phantasie!) die Gedanken in Denkmuster preßt. Es besteht aus der Sicht der Kinder auch kein Grund, den Vorschlag zu demontieren, sondern sie suchen, ganz im Gegenteil, eher nach den Vorzügen dieser Konstruktion.

Typische Kinderantworten sind in diesem Fall:

- So ein Boot habe ich noch nie gesehen.
- Das sieht aus wie ein Messer; ein tolles Kampfboot.
- Kann man damit auch unter Wasser fahren?
- Da ist sicher ein Suchscheinwerfer mit Guckloch an der Spitze angebracht, um unter Wasser zu sehen.
- Damit wird man nicht so schnell erkannt ...

Professor Brown aus »Zurück in die Zukunft« ist auch ein solch notorisch in Chancen denkender Mensch. Während seine Umwelt ständig die

Gründe für Ablehnung sucht und auch findet, mißachtet er konsequent alle Realitäten. Davon, was im Film künstlerisch übersteigert wird, sollten wir uns aber eine dicke Scheibe abschneiden: das Denken in Chancen!

Jeder Vorschlag hat auch gute Seiten, die es zu finden gilt. Die Gründe, warum etwas nicht funktioniert, kann man dann immer noch suchen. Dabei helfen auch die vielen, vielen »Besserwisser«, die nichts anderes anstreben, als neue Vorschläge zu demontieren. Das ist auch viel einfacher und gefahrloser. Das Risiko, daß eine neue Lösung nicht funktioniert, ist ja auch erheblich höher als die Wiederholung des Bekannten.

Die lösungsfreie Methode

Wie in den vergangenen Trainingseinheiten bereits festgestellt, tendieren wir dazu, die einzige und richtige Lösung zu suchen. Daß es diese nicht geben kann, haben wir erkannt – die Wahrheit gibt es nicht.

Bei der »lösungsfreien Methode« wird dem Rechnung getragen und demzufolge die (erst-)beste Lösung mißachtet.

Das Vorgehen: Die als richtig und logisch anerkannte Antwort (die »Erstlösung«) einer Aufgabenstellung wird beiseite geschoben und »ignoriert«. Ziel ist es, die zweite beziehungsweise weitere Lösungen zu finden.

Zu jeder Aufgabe gibt es eine zweite Lösung und weitere Lösungen.

Was ist die Hälfte von 10? Richtig: 5!

Gibt es auch noch eine Zweitlösung? Es gibt sogar noch einige andere Lösungen:

I 0 ½10 $\frac{10}{2}$ 2 + 3 fünf I + I + I + I + I

Waren das alle? Ganz und gar nicht:

10 – 5 ZE V HN

Zu jeder Aufgabe gibt es noch eine andere Lösung. Die Hälfte von 10 kann mit Sicherheit auch noch auf andere Weisen gelöst werden. Haben Sie noch eine neue Lösung gefunden?

Je mehr Alternativlösungen wir produzieren, um so größer ist die Wahrscheinlichkeit, daß die bessere dabei ist.

Eine Hilfe, die »lösungsfreie Methode« noch erfolgreicher anzuwenden, liegt in der Fragestellung. Normalerweise suchen wir auf eine Frage möglichst viele Antworten.

Man kann aber auch die Fragestellung modifizieren und so einen völlig neuen Blickwinkel schaffen, um Lösungen zu finden.

So kann zum Beispiel die Frage lauten: »Wie kann ein Computer oder ein Software-Programm benutzerfreundlicher gestaltet werden?« Dabei ist der Blickpunkt auf den Computer/das Programm gerichtet.

Oder man fragt: »Was muß der Anwender tun, um den Computer besser bedienen zu können?« Bei dieser Fragestellung nähert man sich dem Problem aus einer ganz anderen Richtung an.

Oder man fragt: »Wie können gewisse Aufgaben (Textverarbeitung, Kalkulation etc.) besser gelöst werden?« Wieder eine völlig andere Fragestellung!

Der Wochenplan

1. Tag: Werfen Sie doch einen Blick »zurück in die Zukunft«! Welchen Film/Buch/Menschen kennen Sie, der dieses »Chancendenken« verkörpert? Sind Sie selbst ein »Chancendenker«?

2. Tag: Versuchen Sie, die heutigen Probleme und Aufgabenstellungen zuerst unter Chancengesichtspunkten anzugehen!

3.Tag: Wer in Ihrem Umfeld sind die »Chancendenker«? Wer sind die »Lösungsmiesmacher«? Welche der beiden Spezies stellt die Erfolgreicheren?

4. Tag: Versuchen Sie, die richtigen und logischen Lösungen heute einmal zu ignorieren, und suchen Sie nach der Zweitlösung beziehungsweise nach weiteren Lösungen.
Fordern Sie Ihre Mitarbeiter auf, 2 Lösungen vorzulegen!

5. Tag: Produzieren Sie zu folgenden Aufgaben Alternativlösungen:

A. Was bedeutet die Abkürzung für DIN?
B. Wie kommt man am besten von Ihrer Wohnung ins Büro?
C. Wie erklärt man einem Kind den Unterschied zwischen Mann und Frau?
D. Was sind 500 Gramm?

(Auch ein Photograph macht viele Aufnahmen, um an ein gutes Bild zu gelangen.)

6. Tag: Versuchen Sie, zur folgenden Aufgabenstellung 3 verschiedene Fragen zu formulieren, um zu alternativen Sichtweisen zu kommen!
Aufgabe: Wie muß ein Buch konzipiert sein, damit es ein Bestseller wird?
Veränderte Fragestellungen:

1. ______________________________
2. ______________________________
3. ______________________________

7. Tag: Versuchen Sie, wichtige Aufgaben in Ihrem Beruf und Privatleben mit alternativen Fragen zu beleuchten!
Es gibt immer verschiedene Fragetechniken.

23

Die Kreativitätslizenz

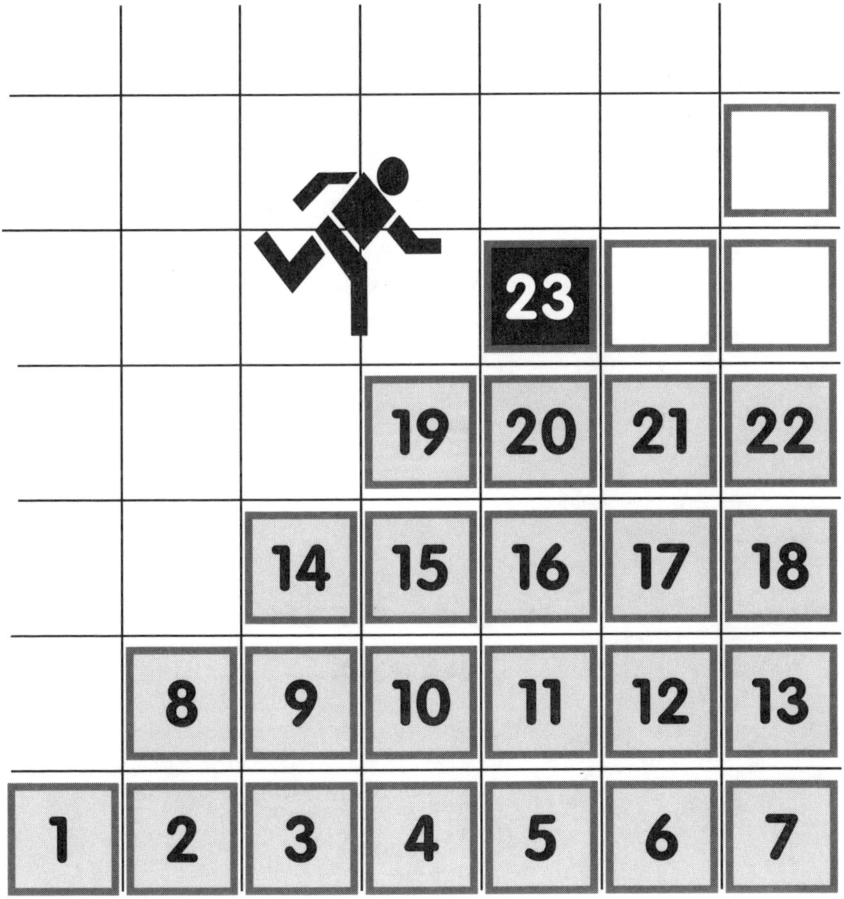

Jeder Mensch sorgt selbst dafür, in welchem Ausmaß er kreativ ist! Warum ist Rainer ein hervorragender Schachspieler, Holm ein erfolgreicher Unternehmer und Hans ein sehr guter Tennisspieler? In den seltensten Fällen (Ausnahmen bestätigen die Regel!) haben Menschen aufgrund von Zufällen, Begabungen oder gar Schicksalsschlägen gewisse Fähigkeiten erlangt. Nein, sie haben sich selbst dazu gebracht!

Rainer hat sich immer gewünscht, ein guter Schachspieler zu werden, und fleißig darauf hingearbeitet! Holm hat schon als Kind erzählt, er werde einmal Millionär, und Hans hat viele Trainerstunden genommen, um der gute Tennisspieler zu werden, den er sich erträumt hat.

Diese »selbsterfüllende Prophezeiung« (self fullfilling prophecy) ist ein wichtiger Schlüsselfaktor zur Realisierung von Vorhaben. Wir wollen uns mit dieser Prophezeiung nun die kreative Fähigkeit »voraussagen« (keine Angst, wir gleiten nun nicht ins Mystische ab und rufen die Geister).

Wir haben die Macht der Vorstellung bereits in Trainingseinheit 2 anhand von einigen Beispielen eindrucksvoll nachgewiesen. So können wir uns nun selbst die Kreativitätslizenz ausstellen. Genauso wie ich mir selbst zum Beispiel vor circa 5 Jahren prophezeite, einmal einen Marathon über 42 Kilometer zu laufen, und es dann schließlich geschafft habe, kann ich nun beschließen, kreativer zu werden!

Alles, was im Kopf als »theoretische Realität« bereits vorhanden ist, kann in die »praktische Realität« übersetzt werden. Wichtig ist dabei natürlich,

einen realistischen Vorstellungsrahmen nicht zu verlassen – innerhalb dessen können sich alle Prophezeiungen erfüllen.

Viele meiner Seminarteilnehmer sagen dann immer, das klinge ja schön, aber sie selbst seien eben nicht kreativ. Das wüßten sie schon seit vielen Jahren, und es bestätigte sich auch immer wieder, wenn sie es denn einmal versuchten, kreativ zu sein.

Diese Menschen sind doch der beste Beweis der »selbsterfüllenden Prophezeiung«, sie haben sich eben selbst die Kreativitätslizenz entzogen, so daß theoretische und praktische Realität wieder übereinstimmen!

Denken wir an das Beispiel am Anfang des Buches: der Automechaniker mit seinem Menüvorschlag! Er näherte sich dem Problem mit der Prophezeiung: »Ich werde diese Garnelen in einer Stunde hier essen, und mir wird ein Weg einfallen, das zu ermöglichen.« Er gab sich selbst die Kreativitätslizenz und damit den Startschuß zur Suche nach Lösungen! Während ich mir mit der Prophezeiung »Wie kann dieses Vorhaben unter diesen Umständen je gelingen?« bereits die kreative Kompetenz entzogen und zwangsläufig nicht mehr nach neuen Lösungsansätzen gesucht habe.

Die 5-Denkklassen-Methode

Nun wollen wir versuchen, die Kreativitätslizenz auszuweiten. Ähnlich einem Führerschein, der das Steuern unterschiedlicher Fahrzeuge erlaubt (Auto, Motorrad, Bus, LKW, Kran, Flugzeug, Motorboot etc.), können wir nun verschiedene Denkrichtungen in die K-Lizenz eintragen und diese dann ausüben.

Im Prinzip tun wir nun nichts anderes, als die ProConSpek-5-Methode aus Kapitel 18 weiterzuentwickeln, um den kreativen Ertrag zu steigern.

In Anlehnung an die Naturgewalten vergeben wir nun einige Teillizenzen, um mehrere Denkfortbewegungsmittel steuern zu können.

Die 5 Denkklassen sind:

1. **Das Luft-Denken (der Optimist)**
   In der Luft sind keine Grenzen gesetzt. In dieser Denkatmosphäre werden alle positiven Gedanken durchgespielt. Der Luft-Denker sieht immer die Chancen, er läßt sich nicht vom Weg abbringen, der zum Erfolg führt. Er interpretiert die Umstände so, daß das Ziel erreicht werden kann.

2. **Das Erde-Denken (der Pessimist)**
   Die Erde ist stabil, greifbar und fest. Auf dem Boden der Realität sieht alles nicht mehr so rosig aus. Der Erde-Denker ist der notorische Abwiegler. Irgend etwas spricht immer dagegen, man muß es nur suchen! Das Erde-Denken kann aber auch zu wertvollen Hinweisen führen, indem man die Dinge einmal kritisch hinterfragt. Der Erde-Denker versucht, Lösungsansätze zu Fall zu bringen.

3. **Das Feuer-Denken (der Emotionale)**
   Brennt das Feuer einmal, breitet es sich schnell aus, es fackelt nicht lange und sorgt für überraschende Ergebnisse. Der Emotionale denkt aus dem Bauch heraus, ohne positiv oder negativ zu argumentieren. Gefühle und Emotionen können nicht hinterfragt werden, sie sind. Das Feuer-Denken läßt das ungestüme Entfachen von Meinungen zu, die nicht zu begründen sind.

4. **Das Wasser-Denken (der Rationale)**
   Das Wasser ist klar, rein und ungetrübt. Unter Wasser brennt es nicht, deshalb ist der Wasser-Denker der Feind des Emotionalen. Er hält sich an die Fakten und Wahrheiten – nichts anderes zählt. Im klaren Wasser löst sich der Schleier, und es bleiben die nackten Tatsachen zurück. Jede Aufgabenstellung sollte einmal unter Wasser gehalten werden, um alle Annahmen, Erfahrungen, Erwartungen und Gefühle von den unverrückbaren Tatsachen zu trennen.

5. **Das Wind-Denken (der Träumer)**
   Der Wind hält alles in Bewegung: Die Luft zirkuliert, die Erde wird aufgewühlt, das Feuer angeheizt und Wasser fließt! Der Träumer überschreitet alle Grenzen, löst scheinbare Gegensätze auf und verändert alles Bisherige! Der Wind-Denker ist innovativ, ständig auf der Suche nach Neuem. Er läßt bestehende Lösungsansätze hinter sich und sucht nach immer neuen Spuren. Findet er etwas Neues, gibt er es an die anderen 4 Denker weiter. Der Wind ist immer auf der Suche!

Ziel dieser Technik ist es, sich alle 5 Denkklassen anzueignen, um mehrere Wege zur »selbsterfüllenden Kreativität« zu finden.

So wie man 5 verschiedene Sportarten ausüben kann, sind auch 5 Denkstile zu bewältigen. Viele Menschen denken überwiegend in einem der Denkstile; egal, welcher das ist, es ist einseitig und eindimensional. Durch einen steten Wechsel der Denkklassen wird der geistige Horizont erweitert (siehe das »Kreative Modell«/Inkubation), und die Wahrscheinlichkeit neuer Ideen wächst (Illumination).

Der Wochenplan

1. Tag: In welchen Bereichen haben Sie besondere Fähigkeiten, sind besser als andere, ragen aus der Masse des Durchschnitts hervor? Unterscheiden Sie nach beruflichen und privaten Fähigkeiten.
Was sind die Gründe für Ihre Fähigkeiten? Ist es Glück, Zufall, nicht erklärbar? Oder liegt es daran, daß Sie es selbst einmal entschieden haben und vieles dazu getan haben, es auch zu verwirklichen?

2. Tag: Welche Fähigkeiten möchten Sie sich in Zukunft aneignen? Können Sie sich diese in einem positiv-realistischen Vorstellungsrahmen prophezeien? Wenn ja, werden Sie sie auch erreichen!

3. Tag: Geben Sie sich heute die Lizenz für kreatives Denken! Gehen Sie die heutigen Aufgaben und Probleme mit der Gewißheit an, die Lizenz zum kreativen Lösungsfindungsdenken zu haben und diese auch einzusetzen!

4. Tag: In welcher Denkklasse bewegen Sie sich vornehmlich:
- Luft (Optimist)
- Erde (Pessimist)
- Feuer (Emotionaler)
- Wasser (Rationaler)
- Wind (Träumer)?

Stellen Sie eine Rangliste auf:
1: am häufigsten angewandte Denkart,
5: am seltensten angewandte Denkart.

5. Tag: Gehen Sie Aufgaben anfangs möglichst luftig an! Suchen Sie zuerst die Chancen! Es gibt zu jeder Aufgabe eine positive Sichtweise. Denken Sie heute einmal mit höchster Priorität luftig!

6. Tag: Bewerten Sie Lösungsansätze mit Hilfe der 4 Denkklassen:
- luftig-optimistisch,
- erdig-pessimistisch,
- feurig-emotional und
- wäßrig-rational!

Verändern sich die Sichtweisen je nach Denkklasse?

7. Tag: Lassen Sie immer einmal wieder frischen Wind durch Ihre Gedanken wehen! Legen Sie einmal die bestehenden Lösungsansätze zur Seite und fliegen Sie neuen Ideen entgegen!

24

Trainingspause

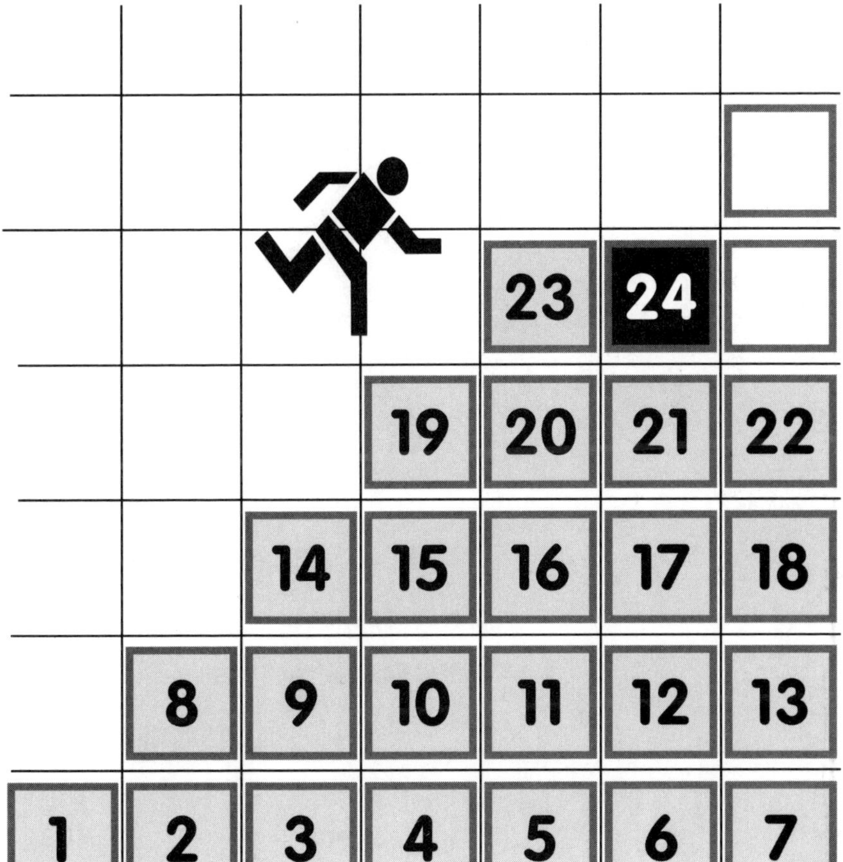

In einem Marathonlauf können Sie an dieser Stelle, nach circa 39 Kilometern, bereits das Ziel erahnen, die größten Strapazen liegen hinter Ihnen, und der Blick geht euphorisch nach vorn. Die Schmerzen in den Knien sind plötzlich vergessen, die Zweifel am eigenen Leistungsvermögen weichen blitzschnell den Gedanken an den bevorstehenden persönlichen Sieg. Mit dem herbeigesehnten Ziel vor Augen werden die letzten Kilometer zur wahren Freude, und das Tempo wird noch einmal gesteigert.

Im wesentlichen ähnliche Erfahrungen werden beim Konzentrations- und Kreativitätsmarathon gemacht! Die Kniebeschwerden waren dabei die frustierenden Rückschläge beim Versuch der Anwendung einiger Techniken, verbunden mit enttäuschenden Ergebnissen. Und die schmerzliche Erkenntnis, daß ein als richtig anerkannter Grundsatz eben nicht zu einer nachhaltigen Verhaltensänderung führt, sondern nur durch dauerhaftes, hartes Training zu verinnerlichen ist. Aber die stetigen Erfolgserlebnisse haben geholfen, den Masterplan nicht abzubrechen und von Woche zu Woche die Herausforderung anzunehmen, den mentalen Muskel zu trainieren. Je konsequenter das Training eingehalten wird, um so mehr Freude bereitet es. Und so kann sowohl der Mental-Marathon als auch der Sport-Marathon zu einer regelrechten Droge werden. Viele meiner Seminarteilnehmer bestätigen mir immer wieder, daß sie (nach Durchlaufen des Trainingsplans) sowohl die geistige Herausforderung als auch die körperliche Betätigung möglichst täglich brauchen, um zufrieden zu sein.

Nur so kann dauerhafte geistige und körperliche Höchstleistung erreicht werden.

Denn die Vorstellung siegt über den Willen! Man kann mit großer Willenskraft zum Beispiel mit dem Rauchen aufhören, Gewicht verlieren, im Beruf den Aufstieg erreichen, einen Marathon laufen und eine kreative Idee produzieren! Langfristig führen aber alle Vorhaben nur dann zum Erfolg, wenn die Vorstellung verinnerlicht ist, das, was man sich vorgenommen hat, auch zu leben.

So wird der Raucher, je nach Willenskraft, nach einem Monat oder 2 Jahren wieder rückfällig, die Abmagerungskur früher oder später abgebrochen und durch noch mehr Essen überkompensiert, der berufliche Erfolg ein schnelles Ende nehmen, der Marathonlauf eine einzige Quälerei sein und die kreative Idee eine Eintagsfliege bleiben.

Deshalb: Leben und verinnerlichen Sie den konzentrierten und kreativen Menschen! Nur wer sich vorstellen kann, er sei kreativ, der wird auch kreativ sein.

Nutzen wir die Trainingspause zu einem Rückblick auf die Trainingseinheiten 1 bis 16:

1. Woche	Die 100-Prozent-Regel
2. Woche	Die Macht der Vorstellung
3. Woche	Aktives Handeln
4. Woche	Freiheit der Alternativen
5. Woche	Konzentration auf die Unkonzentriertheit
6. Woche	Die Einzigartigkeit des Handelns
7. Woche	Wissensaufnahme und -verarbeitung
8. Woche	Interne Störfaktoren
9. Woche	Trainingspause
10. Woche	Externe Störfaktoren

11. Woche	Zyklen beenden
12. Woche	Das 5-Sinne-Denken
13. Woche	Konzentratio Kreativo/Das Lösungsfindungsdenken
14. Woche	Ideale Szenen
15. Woche	Die Logik der Kreativität
16. Woche	Das kreative Modell

Der zurückliegende Trainingsblock war vollständig dem Erkennen und Verlassen von Denkmustern und damit dem Auffinden neuer, kreativer Lösungsansätze gewidmet.

Die Bausteine waren im einzelnen:

18. Woche	Musterdenken – Erkennen, daß wir durch Schul- und Ausbildungssystem darauf trainiert sind, feststehende Muster zu übernehmen, sie nicht zu hinterfragen und entsprechend diesen Mustern zu handeln. Anwendung der ProConSpek-5-Methode
19. Woche	Denkmuster verlassen – man muß Regeln brechen, um zu neuen Lösungen zu kommen. Durch »Regelverstöße« (= Phantasie) entstehen Innovationen! Lösungen verändern sich im Lauf der Zeit!
20. Woche	Humor – die spielerische Beschäftigung mit einer Aufgabenstellung steigert die kreativen Ergebnisse: – Sich selbst nicht so ernst nehmen. – Alles ist Spiel.

- Verrückt sein.
- Humor entwickeln, witzig sein.

21. Woche

Fehler und Zufälle – Fehler und Irrtum sind zwingende Bestandteile des Lösungsprozesses.

- Fehler sind oftmals der Grundstein für spätere Erfolge.
- Lernen, Fehler zu machen (die nicht bestraft werden).
- Nicht die richtige Antwort ist das Ziel, sondern die innovative Idee.
- Fordern Sie den Zufall heraus (das Zu-Falls-Prinzip).

22. Woche

Zurück in die Zukunft – Nichts ist unmöglich; deshalb

- Positiv in die Zukunft blicken.
- Auffinden der zweiten Lösung und der weiteren Lösungen (die lösungsfreie Methode).
- Fragestellungen verändern!

23. Woche

Die Kreativitätslizenz – schaffen Sie im Kopf die Vorraussetzung für Kreativität (die selbsterfüllende Prophezeiung).
Anwendung der 5-Denkklassen-Methode:

1. Das Luft-Denken
2. Das Erde-Denken
3. Das Feuer- Denken
4. Das Wasser-Denken
5. Das Wind-Denken

Versuchen Sie die folgende Aufgabe zu lösen! Es handelt sich um eine Zeichnung auf einem Blatt Papier. Zeichnen Sie genau diese Figur auf ein DIN-A4-Blatt mit einem Filzstift nach. Ziel ist die Anfertigung einer identischen Kopie vom Original. Keine weiteren Hilfsmittel sind erlaubt.

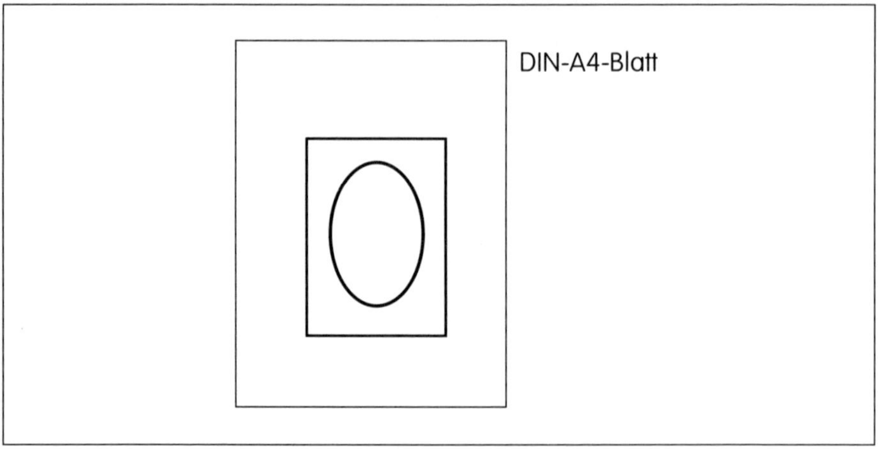

Eine weitere Einschränkung macht die Aufgabe etwas komplizierter: Sie müssen die Figur, ohne den Stift vom Papier abzusetzen, in einem Zug nachzeichnen. Verläßt der Stift das Papier auch nur kurz, ist die Aufgabe nicht gelöst; werden zusätzliche Striche gemacht, handelt es sich nicht mehr um die ursprüngliche Figur.

Nachdem Sie nach logischer Überlegung schnell zur Einsicht kommen, daß es eigentlich überhaupt keine Lösung zu dieser Aufgabe gibt, sollten Sie nun Ihre kreative Lösungsfindungskompetenz ausspielen.

Wenden Sie die erlernten Techniken an: mehrsinnig an die Aufgabe herangehen; Einschränkungen und Gesetzmäßigkeiten feststellen; welche Regeln sind definitiv und welche können gebrochen werden; Denkmuster erkennen und verlassen; mit Humor an die Aufgabe gehen; Fehler machen; Denkklassen einsetzen usw. Mir sind mehr als 10 verschiedene Lösungen zu dieser Aufgabe bekannt. Es gibt mit Sicherheit noch einige andere mehr. Finden Sie die Lösungen.

Für jede Lösung, die Sie mir schicken oder mir erzählen, erhalten Sie im Gegenzug eine andere zurück. Die Lösungen, die mir noch nicht bekannt sind, werden mit je einer Flasche Champagner belohnt – versprochen!

Zum Einstieg möchte ich Ihnen 2 Anhaltspunkte geben: Verändern Sie die Dimensionen und falten Sie das Papier! Viel Spaß!

Der Wochenplan

1. Tag: Wiederholen Sie die erste Hälfte des Masterplans (Woche 1 – 13) und überprüfen Sie, inwieweit Sie die Techniken tatsächlich konsequent anwenden.

2. Tag: Heute ist Bewegungstag!
Bewegen Sie irgend etwas in Ihrem Umfeld:

- 30 Minuten den eigenen Körper (lassen Sie sich etwas einfallen) oder
- einige Möbelstücke oder
- Mitmenschen, etwas in Ihrem Sinne zu tun, oder
- Ihren Kopf in eine andere (Denk-)Richtung!

3. Tag: Wiederholen Sie die Trainingseinheiten zum Musterdenken: Denkmuster erkennen, Denkmuster verlassen!

4. Tag: Erleben Sie Ihren Körper! Versuchen Sie, verschiedene Muskelpartien zu spüren. Sorgen Sie dafür, daß Sie Muskelkater bekommen! Ein Hobbyläufer wird das nicht durch Laufen erreichen, wohl aber durch 25 Liegestütze.
Auch 30 Minuten Fahrrad fahren garantiert bei vielen Menschen den Muskelkater im Gesäß! Einige Bahnen Rückenschwimmen bringen erstaunliche Muskelkatererfolge … Ziel dieser Übung ist, unseren ungenügenden Bewegungsablauf aufzuzeigen. (Ähnlich geht es übrigens vielen Menschen nach nur kurzem Denksport.)

5. Tag: Wiederholen Sie 3 wesentliche Kreativitätsentfalter: Humor, Fehler und Zufall.

6. Tag: Freier Bewegungstag.

7. Tag: Geben Sie sich die Kreativitätslizenz und werfen Sie einen Blick in die Zukunft! Gestalten Sie diesen Blick optimistisch, pessimistisch, emotional, rational und träumerisch! Hinterfragen Sie Ihre Mitmenschen, die Medien, Wettervorhersagen usw. nach deren Denkklassen. Seien Sie ein flexibler Denker und wechseln Sie immer wieder die Denkklassen!

25

Kreativitätsfördernde Verhaltensweisen

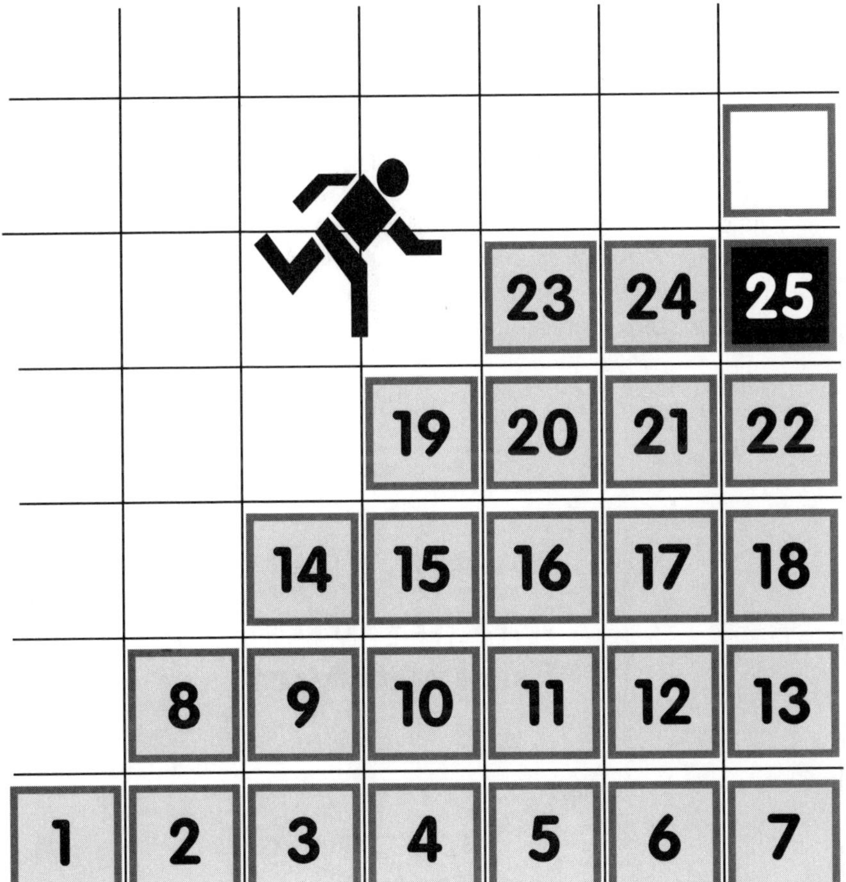

»Die 10 wirksamsten Kreativitätstechniken für bessere Ideen« ... »Tips und Tricks für mehr Kreativität« – solche und ähnliche Aussagen suggerieren, daß schon die Kenntnis einiger Techniken ausreicht, um kreativer zu werden. Dies ist natürlich ein Trugschluß!

Selbstverständlich helfen die unterschiedlichsten Techniken, den kreativen Output zu verbessern. Sie können aber immer nur so wirksam sein, wie es die Basis, also die mentale Grundeinstellung, zuläßt.

Viele dieser grundsätzlichen Verhaltensweisen wurden bereits in Zusammenhang mit den konkreten Lösungsfindungstechniken in den zurückliegenden Trainingseinheiten angesprochen.

In diesem Kapitel sollen nun noch einige Verhaltensmerkmale angesprochen werden, die für einen kreativen Menschen unerläßlich sind (Ähnlichkeiten zum Sport sind »rein zufällig«!)

Meine 10 ultimativen Grundwerte eines Kreativen sind:

1. **Kämpferherz**
   Kämpfen Sie! Ohne Einsatz, Energie und Tatkraft wird vieles nicht gelingen. Besonders die Kreativen brauchen ein starkes Kämpferherz, da sie mit ihren Ideen oftmals Mauern erklimmen und niederreißen müssen. Kreative sind mit ihren eigenen Ideen oft unzufrieden, sie müssen dagegen ankämpfen und weitermachen, bis das erwünschte Ergebnis erreicht ist!

2. **Machen**
Seien Sie ein Macher! Vieles muß man ausprobieren und umsetzen, um zu sehen, ob es funktioniert! Der Praktische ist oft nicht so kompliziert, er möchte vorankommen und keine Zeit verlieren. Termine setzen und machen! Fehler werden auf jeden Fall eintreten, egal, wie perfekt etwas im voraus geplant wird.

3. **Mut**
Nur der Mutige ist auch ein Macher. Wir alle bewundern den Mut der Erfolgreichen. Ob das der ungestüme Skiläufer bei der Abfahrt in Kitzbühel ist, der Fallschirmspringer in 3 000 Meter Höhe oder die offensive Fußballmannschaft, der unpopuläre Entscheidungen treffende Politiker oder der Manager, der sein Vermögen in eine Geschäftsidee investiert ...; ohne eine gehörige Portion Mut bleiben im Leben viele Chancen im verborgenen!

4. **Enthusiasmus**
Begeisterung versetzt Berge! Wer selbst mit Dynamik und Elan Aufgaben angeht, wird auch andere begeistern können und sie zum Mitmachen motivieren. Viele Ideen bekommen erst durch Enthusiasmus eine Eigendynamik und werden so zum Erfolg hochgeschaukelt.

5. **Unternehmungsgeist**
Suchen Sie günstige Gelegenheiten! Viele gute Ideen liegen auf der Straße – im nachhinein hätte sie jeder ergreifen können. Unternehmen Sie etwas, um die Chancen zu finden. Tun Sie, was andere nicht gerne machen! Wenn alle anderen die Stecknadel im Heuhaufen suchen, machen Sie etwas mit dem Heu!

6. **Individualismus**
Bewahren Sie Ihren eigenen Charakter! Denken und handeln Sie nach Ihren individuellen Eigenheiten und Überzeugungen. Der Erfolgreiche zieht seinen eigenen Stil durch; auch wenn er damit aneckt! Gelebte Individualität wird in aller Regel von der Umwelt sehr hochgeschätzt. Dort, wo Individualität unterdrückt wird, kann kein kreatives Klima aufkommen. Die Erfolgreichen gehen meist ihren eigenen, oftmals etwas seltsamen Weg.

7. **Idealismus**

Bleiben Sie mit den Füßen auf dem Boden, aber schweben Sie in Gedanken auf den Wolken! Die Gefahr des realistischen, geistig unbeweglichen Machers wird durch die Hingabe zu Träumen und Phantasien kompensiert. Ideale sprengen die Grenzen der Realität und zeigen die Unendlichkeit des Machbaren auf. Ideale können Wirklichkeit werden.

8. **Überzeugungskraft**

Verkaufen Sie sich selbst und Ihre Ideen! »It's not creative unless it sells« (»Sie – die Idee – ist nur dann kreativ, wenn sie sich verkauft«), ist eine alte Regel der Werbung. Präsentieren Sie anderen Vorhaben, Pläne und Lösungen. Gute Ideen brauchen meist Helfer und Helfershelfer, um eine Chance zur Verwirklichung zu erhalten. Je überzeugter man selbst von einer Idee ist, um so leichter fällt es einem, auch andere mitzureißen. Das Leben ist Überzeugungsarbeit; jeder Mensch muß sein Umfeld immer wieder für sich gewinnen!

9. **Keine Entschuldigungen**

Entschuldigungen zählen nicht! Die Erfolgreichen sind hart im Nehmen und Geben. Denn sie wissen, daß es an ihnen liegt, die Hindernisse aus dem Weg zu räumen. Not macht erfinderisch!

10. Bedürfnisse befriedigen
Befriedigen Sie Bedürfnisse! Alle Menschen haben die gleichen Bedürfnisse. Angefangen mit dem Streben nach Überleben (Essen, Trinken, Schlafen, Fortpflanzung), mit dem Verlangen nach Sicherheit (Geborgenheit, Schutz, soziale Absicherung), nach einem sozialen Umfeld (Gemeinschaft, Partnerschaft, Freunde), mit der Anerkennung von außen (Image, Bewunderung, Macht) bis zur Selbstverwirklichung, stellen die Bedürfnisse den Grund für unser ganzes Streben dar. Ein Bedürfnis ist ein Gefühl des Mangels und der Wunsch, diesen zu beseitigen. Beseitigen Sie Mangelerscheinungen bei sich selbst und anderen. Finden Sie Wünsche und erfüllen Sie sie!

Der Wochenplan

1. Tag: Testen Sie Ihr Kämpferherz!
Seien Sie heute mit einer Lösung unzufrieden und kämpfen Sie für eine noch bessere Lösung.

2. Tag: Versuchen Sie, heute auch Lösungen umzusetzen. Setzen Sie zumindest in 50 Prozent Ihrer Zeit Dinge in die Realität um. Tun Sie es auch dann, wenn es noch leichte Zweifel an der Praktikabilität gibt.

3. Tag: Denken Sie an Ihre Kindheit zurück! Eine Mutprobe war doch damals die größte Herausforderung (heimlich zu rauchen; einem Mädchen zu sagen, daß man es gern hat; dem Lehrer oder den Eltern die Wahrheit zu beichten; der Sprung vom 3-Meter-Brett im Schwimmbad). Und zugleich die größte Befriedigung hinterher, wenn man es geschafft hatte! Machen Sie heute zumindest eine Mutprobe!

4. Tag: Gehen Sie heute einmal enthusiastisch an Aufgaben heran und aktivieren Sie Ihren Unternehmungsgeist! Versetzen Sie Berge! Begeistern Sie andere (zum Beispiel den Vorgesetzten von Ihrem Lieblingsprojekt; die Mitarbeiter, heute bis 20.00 Uhr im Büro zu bleiben; den Partner von Ihrer einzigartigen Beziehung zueinander).

5. Tag: Was unterscheidet Sie von den anderen?
Finden Sie mindestens 3 Merkmale, die Sie von anderen unterscheiden, Sie individuell machen:

1. ____________________
2. ____________________
3. ____________________

Stehen Sie zu Ihrer Individualität!
Machen Sie sich Ihre Ideale bewußt!
Notieren Sie die wesentlichen:

1. ____________________
2. ____________________
3. ____________________

6. Tag: Sehen Sie Ihre Ideen und Vorhaben als Produkte an! Verkaufen Sie sie auch entsprechend? Werden Sie sich bewußt, daß Sie Verkäufer sind! Jeder Mensch muß sich selbst und seine Ideen verkaufen, und das möglichst erfolgreich. Und ein guter Verkäufer sucht bei einem fehlgeschlagenen Verkaufsgespräch die Ursachen immer bei sich selbst. Die Mittelmäßigen dagegen finden sehr schnell gute Gründe für ihren Mißerfolg!

7. Tag: Welche Bedürfnisse sind bei Ihnen unbefriedigt? Welche Mangelerscheinungen haben andere? Der Sinn des Lebens ist es, Bedürfnisse zu befriedigen, also Mängel zu beseitigen. Finden Sie in Ihrem Umfeld Wünsche und befriedigen Sie diese!

26

Die Fusion von Körper und Geist

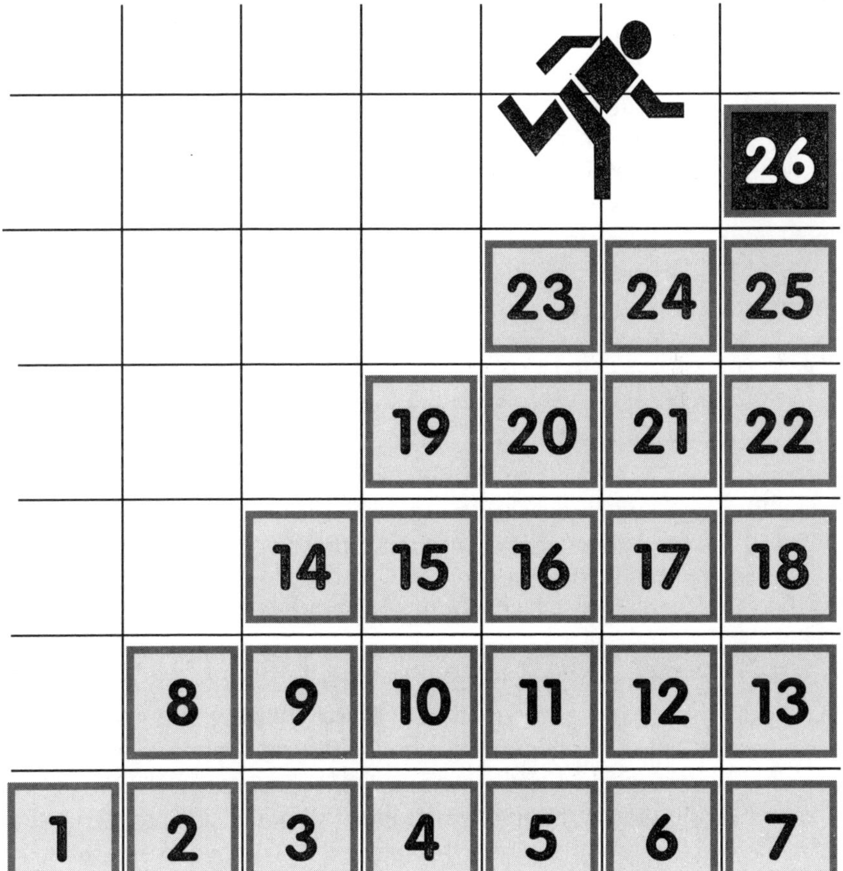

Wir kommen zur letzten Runde und sehen deutlich das Zielband vor uns. Der Marathon neigt sich dem Ende zu – augenblicklich sind alle Strapazen und Schmerzen wie weggeblasen, und ein Gefühl der Begeisterung und der Freude breitet sich wie aus heiterem Himmel aus. Die letzten Meter fliegt man förmlich über die Aschenbahn, und im Moment des Zieleinlaufs möchte man am liebsten sofort wieder von vorn beginnen. Verrückt, aber wahr! Diese und ähnliche Erfahrungen machen viele Läufer nach einem Marathonlauf – sie werden zum Wiederholungstäter.

Es wäre schön, wenn sich auch beim Konzentrations- und Kreativitätsmarathon in dieser letzten Runde eine Stimmung einstellt, die nach Weitermachen ruft. Obwohl für jedermann kreatives Denken anstrengend ist, ist der Funke übergesprungen, und die Droge wirkt. Ähnlich wie sportliche Betätigung ist die Droge Denken aber zum Glück positiv einzuschätzen. (Wie bei allen Angelegenheiten ist jedoch zu beachten, daß man Extreme vermeiden sollte. So kann eine Überdosis Bewegung ebenso negative oder gar schädliche Folgen haben wie zuviel Liebe, Vitamine, Schlaf, Arbeit, Freizeit, Anerkennung, Wissensdrang, Kontrolle, Lob, Tadel oder auch Denken.) Der völlig übertrainierte Sportler wird nicht der Beste sein und überdies seine Gesundheit ruinieren. Sportlicher Erfolg und Invalidität liegen bekanntlich oftmals sehr nahe beieinander.

Der Nur-Denker kapselt sich von seiner Umwelt ab, verliert den sozialen Kontakt und neigt im Extremfall zur geistigen Verworrenheit. Genialität und Schwachsinn liegen bekanntlich nicht sehr weit voneinander entfernt.

Ziel dieser Trainingseinheit ist es, abschließend noch einmal die Nähe von Körper und Geist bewußt zu machen. 2 Thesen sollen die untrennbare Fusion von Körper und Geist aufzeigen:

1. Das Werkzeug des Denkprozesses ist unser Körper.
2. Ohne gesunden und durchtrainierten Körper sind viele Denkprozesse nicht realisierbar.

Welcher Werkzeuge bedienen wir uns beim Denkprozeß? Einmal helfen wir uns mit externen Hilfsmitteln, die Arbeit zu erleichtern. Ob das ein Computer ist, ein Taschenrechner, Nachschlagewerke oder sonstiges technisches Gerät, es gilt immer: Je qualitativ und quantitativ hochwertiger diese Werkzeuge sind, um so besser das Arbeits- und Denkergebnis. (Auch hier gilt einschränkend: Eine Überdosis kann sich nachteilig auswirken. Denken Sie nur an die hochgerüstete EDV-Anlage, die niemand mehr bedienen kann.)

Der Körper denkt!

Das Marathon-Prinzip

Zum anderen setzen wir unseren Körper als Werkzeug ein. Unsere 5 Sinne übernehmen einen Großteil der Arbeit, die vom Gehirn veranlaßt wird. Wir sehen, fühlen, riechen, schmecken und hören Informationen, die Motorik des Körpers setzt diese um und führt Befehle aus. Je besser diese internen wie externen Werkzeuge gepflegt werden, desto effizienter wird der Denkprozeß ablaufen. Warum sollte nun der Körper möglichst gesund und durchtrainiert sein, damit die Denkleistung steigt?

Dann hätten viele körperbehinderte Menschen ja überhaupt keine Chance, gute und erfolgreiche Denker zu sein. Die Realität zeigt uns aber doch sehr deutlich, daß Behinderte auch zu großen Leistungen fähig sind.

Richtig, denn meiner Meinung nach sind wir alle in gewisser Weise körperlich behindert. Der eine nur mehr als der andere. Der eine ist dann vielleicht querschnittsgelähmt, während der andere, »nur« übergewichtig, sich vom Bett ins Sofa zum Auto auf den Bürostuhl zurück auf die Couch ins Bett »querschnittsquält«. Welcher der beiden ist da mehr behindert?

Speziell die klassisch Behinderten sind oft in körperlich besserer Verfassung als die sogenannten Gesunden. Denn sie müssen auf vernünftige Ernährung achten, schränken den Alkoholkonsum drastisch ein, brauchen ungemeine physische Kraft, um ihren Körper zu bewegen und zu kontrollieren, denken ständig darüber nach, wie sie ihren Nachteil ausgleichen können, und haben dadurch sehr viel mehr Einsatzwillen und Durchhaltevermögen entwickelt.

Ein Blinder trainiert eben andere Werkzeuge zur Perfektion und überkompensiert vielleicht sogar seine Behinderung (zum Beispiel Stevie Wonder); ein Querschnittsgelähmter macht dies auf seine Weise (zum Beispiel Wolfgang Schäuble); ein Tauber läßt sich andere Möglichkeiten einfallen, um zu hören (zum Beispiel Thomas Edison, der das Grammophon erfunden hat und, nachdem er schwerhörig wurde, mit dem Gebiß in das Gehäuse des Plattenspielers biß und mit den Zähnen die Vibrationen hörte); ein Übergewichtiger kann eine ungemein feine Nase und untrüglichen Geschmack entwickeln (zum Beispiel Orson Welles) usw.

Viele dieser Behinderten sind in körperlich sehr viel besserer Verfassung als die nach außen hin als »Normale« bezeichneten Menschen.

Jeder Mensch kann sein Werkzeug, seinen Körper verbessern und so seine mentale Leistungsfähigkeit steigern.

Und wieder gilt die Analogie zur Welt des Sports. Nicht der idealtypisch gebaute Sportler ist in aller Regel der Beste, sondern derjenige, der zusätzlich seinen Kopf in die sportliche Betätigung miteinschaltet. Nicht der längste Hochspringer, der ausdauerndste Fußballspieler, der leichteste Jockey, der kräftigste Boxer oder der Schütze mit den besten Augen ist der Sieger, sondern die »Behinderten« mit der idealen Mischung aus Körper und Geist.

Der Wochenplan

1. Tag: Wie ist Ihre Stimmung beim Durchlaufen der 26. und letzten Trainingseinheit? Fühlen Sie das aufkeimende Verlangen und den Wunsch nach weiterer Betätigung? Wenn Sie das Programm konsequent durchlaufen haben und wenn alle frustrierenden Zwischenschritte überwunden sind, dann müßten Sie sich in Hochstimmung befinden!

2. Tag: Vermeiden Sie bei all Ihrem Tun die Überdosis! Besonders beim Denken darauf achten; wenn Sie es übertreiben, wird es sehr schnell zur Qual werden. Nicht vergessen: Denken muß Spaß machen! Besser etwas weniger denken, aber dafür regelmäßig mit Freude!

3. Tag: Bei welchen Tätigkeiten geben Sie sich hin und wieder die Überdosis?

1. Ernährung (Süßes, Saures, Quantität, Getränke etc.):

____

____

2. Beruf (Termindruck, Ja-Sager, Vorgesetzten- beziehungsweise Mitarbeiterbehandlung etc.):

____

____

3. Sport (Muskelkater bedeutet Überdosis):

____

____

4. Privat (Partnerschaft, Kinder, Finanzen, Freunde etc.):

____

____

4. Tag: Überprüfen Sie kritisch Ihre externen Werkzeuge auf Effizienz hin! Welche Teile sind zu erneuern, verbessern, auszutauschen oder zu reduzieren?

1. ______________________________
2. ______________________________
3. ______________________________

5. Tag: Wie sieht es mit den Körperwerkzeugen aus? Welche sind in gutem Zustand und welche sind zu verbessern?

Guter Zustand:

1. ____________________
2. ____________________
3. ____________________

Verbesserungswürdig:

1. ____________________
2. ____________________
3. ____________________

6. Tag: Kennen Sie Körperbehinderte? Wenn nicht, lernen Sie einige kennen! Sie können viel von ihnen lernen und profitieren. Was ist Ihre eigene Behinderung?

7. Tag: Gönnen Sie sich heute etwas unglaublich Besonderes! Heute ist alles erlaubt. Gratulation! Sie haben das Marathontraining durchgestanden und eine tolle Leistung vollbracht!

Das Marathonprinzip als Verkaufsinstrument

Warum fordern viele erfolgreiche Unternehmen von ihren Mitarbeitern als eine der wesentlichen Voraussetzungen für den beruflichen Aufstieg die Fähigkeit zu kreativer, unkonventioneller Problemlösungskompetenz? Gerade die Erfolgreichen haben eben erkannt, daß das Unternehmen im stetigen Wandel unserer Gesellschaft nur dann bestehen kann, wenn das Bisherige kritisch hinterfragt und ständig mit neuen Ideen angereichert wird.

Das Unternehmen, das die sich verändernden Erwartungen der Nachfrager am besten erfüllt, wird auch seine Umsatzziele realisieren.

Die Mitarbeiter, die wesentlichen Einfluß auf die Umsatzerzielung haben und diese mit kreativen, neuen Ideen erreichen, werden in der Regel auch am höchsten bezahlt. Das sind in vielen Branchen die Verkäufer und Marketingleute. Denn die beste Idee ist die, die sich auch verkauft. Der Kunde ist nur dann bereit zu bezahlen, wenn Bedürfnisse befriedigt werden.

Besonders in Verkauf und Marketing ist Kreativität der Schlüsselfaktor für Erfolg. Vergleichbare Produkte, die von ihrer technischen Beschaffenheit her nahezu austauschbar sind, werden von dem einen erfolgreicher vermarktet als von vielen anderen, obwohl alle über vergleichbare Voraussetzungen verfügen. Der erfolgreiche Verkäufer hat schlicht die besseren Ideen. Und Ideen werden sehr gut bezahlt.

Nun braucht aber nicht nur der Verkaufs- und Marketingmann kreative Ideen, um Produkte oder Dienstleistungen zu vermarkten. Jeder muß auch sich selbst vermarkten.

Wir alle haben für unser »Ego-Marketing«, bis auf wenige Ausnahmen, ähnliche Voraussetzungen: Schulbildung, Ausbildungsplatz, Persönlichkeit, Aussehen, finanzielle Mittel, Fähigkeiten usw.

Der erfolgreiche Mensch hat nur die besseren Ideen, sich zu vermarkten. Er kennt und erfüllt die Bedürfnisse der Mitmenschen (Lebenspartner, Freunde, Kollegen, Mitarbeiter, Chef) besser als andere.

Dabei läßt sich jeder etwas anderes einfallen, es gibt viele mögliche Vermarktungskonzepte: Der eine verkauft seine Person primär über sei-

nen Körper, der andere schmückt sich mit Utensilien des Ansehens und der Macht wie Auto, Kleidung oder goldene Uhr. Wieder ein anderer stellt seinen Intellekt oder seine Persönlichkeit in den Vordergrund, während der nächste sich als väterlich beschützend gibt, usw.

Im Marketing spricht man von Positionierung, das heißt, die Bestimmung der Nutzenversprechen eines Produkts in Abhängigkeit von der Erwartungsstruktur des Verbrauchers. Das Produkt oder die Dienstleistung nimmt damit eine bestimmte Position im Markt ein, es verspricht konkrete Nutzendimensionen.

Die Positionierung hat zum Ziel, einen positionellen Vorteil für das Produkt zu schaffen. Damit ist weniger ein materieller Vorteil gemeint. Das wäre die logische Lösung: zum Beispiel das Erkaufen eines Vorteils durch Einsatz hoher finanzieller Mittel.

Ein positioneller Vorteil ist einer, der strategischen Gehalt hat. Beim Schach kann so zum Beispiel einer der Spieler einen zum Sieg führenden strategischen Positionierungsvorteil genießen, ohne auch nur eine Figur mehr zu besitzen, das heißt, ohne materielle Übermacht.

Ist die Position eingenommen, gilt es nun, diese auch möglichst einzigartig umzusetzen und zu vermitteln.

Die Werbung zeigt uns auf beeindruckende Weise, wie man gleiche Nutzenversprechen immer wieder neu formulieren kann. Ein Paradebeispiel für die kreative und außergewöhnlich erfolgreiche Umsetzung eines

Nutzenversprechens ist das Produkt »Fruchtzwerge«: Fruchtquark mit dem Slogan »So wertvoll wie ein kleines Steak«. Damit wird auf einzigartige Weise der Nutzen »gesunde und vitaminreiche Ernährung« kommuniziert. Alle anderen Anbieter zeigen diesen Nutzen auch und viel logischer und klarer auf, wie »mit Vitamin A, B_1, B_2 ...« oder »aus den gesunden Bestandteilen Milch, echten Früchten, Zucker ...«. Erfolg bringt dieser logische Weg aber nur selten.

Und gleichermaßen gilt diese Umsetzung der Positionierung für den Menschen. Für mich ein Musterfall: der Entertainer Karl Dall. Ihm gelingt es auf einzigartige Weise, sein Nutzenversprechen des unkonventionellen, verrückten Komikers zu kommunizieren (Aussehen, Kleidung, Sprache, Benehmen). Der Erfolg gibt ihm recht.

So sollte jeder bei sich selbst beginnen, kreative Ideen zu entwickeln, um die eigene Person in Zukunft noch erfolgreicher zu verkaufen.

Der Marathonlauf – ein 26-Wochen-Vorbereitungsplan

3 Dinge sollte man im Leben zumindest einmal vollbracht haben! Für viele Menschen sind diese Ziele:

1. ein Kind in die Welt zu setzen (beziehungsweise zu zeugen),
2. einen Baum zu pflanzen und
3. … ???

Selbstverständlich hat jeder Mensch andere Vorstellungen von dem, was diese 3 Dinge sein könnten. Für mich persönlich war schon immer ein Marathonlauf einer dieser Ur-Wünsche, die einem ständig in Gedanken vorschweben.

Der konkrete Auslöser dafür, diesen Wunsch in die Tat umzusetzen, war in meinem Fall der Tag, an dem ich als Zuschauer dem Hamburg-Marathon beiwohnte. Dies war im Jahre 1986. Die unglaubliche Leistungsfähigkeit der älteren Teilnehmer (viele 60- bis 70jährige stellten sich erfolgreich dieser Herausforderung) beeindruckte mich so stark, daß ich spontan beschloß, im nächsten Jahr auch dabeizusein.

Nun ist ein Marathonlauf über die Distanz von 42 Kilometern aber kein Vorhaben, das man so mir nichts dir nichts realisiert und abhakt. Ein umfangreiches und intensives Vorbereitungsprogramm ist notwendig, um die Herausforderung auch erfolgreich bestehen zu können.

Als adäquater Vorbereitungszeitraum hat sich ein halbes Jahr als vernünftig herausgestellt. Damit ist sichergestellt, daß man seinen Körper nicht überlastet und Verletzungen weitgehend vermeidet. Und besonders wichtig: So macht das Training auch noch Spaß, da ein ausgewogenes Verhältnis von Anstrengung und Erfolgsgefühl vorherrscht.

Haben Sie Geschmack an der Marathonidee gefunden? Eines ist dann sicher: Spätestens beim Durchlaufen der Ziellinie werden Sie ein unbeschreibliches Glücksempfinden und eine starke Aufwertung Ihres Selbstwertgefühls erleben.

Ein wertvoller Nebeneffekt des Marathonlaufs kann dabei sein, daß man sich ein unerwünschtes Laster spielerisch leicht abgewöhnt. In meinem Fall war das zu dieser Zeit das endgültige Aufgeben des Rauchens. Auch der Alkoholgenuß wird sicherlich eingeschränkt, und Gewichtsprobleme sind einem Marathonläufer fremd.

Der im folgenden abgedruckte 26-Wochen-Vorbereitungsplan basiert auf dem Aufbautraining für Anfänger von Manfred Steffny, einem der erfolgreichsten Marathonläufer Deutschlands (sein Buch »Marathontraining« ist als weiterführende Literatur zu empfehlen). Dabei handelt es sich um den von mir modifizierten Trainingsplan meines allerersten Marathonlaufs. Ziel ist dabei, die 42 Kilometer im Wettkampf in circa 4 Stunden zu laufen, das entspricht einer Kilometerzeit von circa 5:40 Minuten.

Der 26-Wochen-Marathonplan

1. Woche: Leichtes Traben	
Montag	20 min langsames Traben
Dienstag	
Mittwoch	20 min langsames Traben
Donnerstag	
Freitag	
Samstag	20 min langsames Traben
Sonntag	
2. Woche: Joggen	
Montag	
Dienstag	30 min langsames Joggen (Puls 100/circa 4 km)
Mittwoch	
Donnerstag	
Freitag	30 min Dauerlauf (Puls circa 120/circa 4,5 km)
Samstag	
Sonntag	
3. Woche: Dauerlauf	
Montag	
Dienstag	40 min langsames Joggen (circa 5,5 km)
Mittwoch	
Donnerstag	30 min Dauerlauf (circa 4,5 km)
Freitag	
Samstag	40 min Dauerlauf (circa 6 km)
Sonntag	1 h langsames Joggen (circa 8,5 km)
4. Woche: Lauftraining	
Montag	
Dienstag	45 min langsames Joggen (circa 6,5 km)
Mittwoch	
Donnerstag	30 min Lauftraining (Puls circa 140/circa 5 km)
Freitag	
Samstag	1 h Dauerlauf (circa 9 km)
Sonntag	45 min Dauerlauf (7 km)

5. Woche: Geschwindigkeitstest	
Montag	
Dienstag	1000 m maximale Geschwindigkeit
Mittwoch	
Donnerstag	1 h Lauftraining (circa 10 km)
Freitag	
Samstag	1 h Dauerlauf (circa 9 km)
Sonntag	1 h Lauftraining (circa 10 km)
6. Woche: Ausdauer	
Montag	
Dienstag	30 min Dauerlauf
Mittwoch	
Donnerstag	30 min Dauerlauf
Freitag	
Samstag	1:30 h Dauerlauf (circa 13 km)
Sonntag	45 min Dauerlauf
7. Woche: Konsolidierungsphase	
Montag	
Dienstag	45 min Lauftraining
Mittwoch	
Donnerstag	45 min Dauerlauf
Freitag	
Samstag	1:30 h Dauerlauf
Sonntag	
8. Woche: Der 2-Stunden-Lauf	
Montag	
Dienstag	45 min Dauerlauf
Mittwoch	
Donnerstag	45 min Dauerlauf
Freitag	
Samstag	2:00 h langsames Joggen (circa 17 km)
Sonntag	
9. Woche: Kilometerfresser	
Montag	
Dienstag	45 min Dauerlauf
Mittwoch	
Donnerstag	1 h Dauerlauf
Freitag	
Samstag	2:00 h Dauerlauf (circa 19 km)
Sonntag	45 min Dauerlauf

10. Woche: Stundenläufe	
Montag	
Dienstag	1 h Dauerlauf
Mittwoch	
Donnerstag	1 h Dauerlauf
Freitag	
Samstag	1 h Lauftraining
Sonntag	1 h langsames Joggen
11. Woche: Überholmanöver	
Montag	
Dienstag	1 h Dauerlauf
Mittwoch	
Donnerstag	1 h Dauerlauf
Freitag	
Samstag	2:00 h Lauftraining (circa 20 km)
Sonntag	30 min langsames Joggen
12. Woche: Ruhepause	
Montag	
Dienstag	
Mittwoch	30 min Dauerlauf
Donnerstag	
Freitag	
Samstag	1 h Dauerlauf
Sonntag	
13. Woche: Halbzeit	
Montag	1 h Dauerlauf
Dienstag	5 x 1000-m-Geschwindigkeitstest (Puls über 160)
Mittwoch	
Donnerstag	1 h Dauerlauf
Freitag	
Samstag	2:00 h Dauerlauf
Sonntag	
14. Woche: Rekordversuch	
Montag	
Dienstag	1 h Dauerlauf
Mittwoch	
Donnerstag	45 min Dauerlauf
Freitag	
Samstag	1000 m-Test maximale Geschwindigkeit
Sonntag	30 min Lauftraining

15. Woche: Konsolidierungsphase	
Montag	
Dienstag	45 min Dauerlauf
Mittwoch	
Donnerstag	1 h Lauftraining
Freitag	
Samstag	1 h langsames Joggen
Sonntag	2:00 h Dauerlauf
16. Woche: Wettkampftempo	
Montag	
Dienstag	1 h Dauerlauf
Mittwoch	
Donnerstag	1 h Dauerlauf
Freitag	
Samstag	
Sonntag	1 h Wettkampftempo (circa 11 km)
17. Woche: Halbmarathon	
Montag	1 h Dauerlauf
Dienstag	
Mittwoch	1 h Lauftraining
Donnerstag	
Freitag	1 h langsames Joggen
Samstag	
Sonntag	21,5 km Lauftraining
18. Woche: Business as usual	
Montag	
Dienstag	45 min langsames Joggen
Mittwoch	
Donnerstag	1 h Dauerlauf
Freitag	
Samstag	1:30 h Lauftraining
Sonntag	1 h Dauerlauf
19. Woche: Bestzeitenjagd	
Montag	
Dienstag	5 x 1000-m-Geschwindigkeitstest
Mittwoch	
Donnerstag	1:30 h Dauerlauf
Freitag	
Samstag	2:00 h Lauftraining
Sonntag	30 min langsames Joggen

20. Woche: Vorbereitung zum Endspurt	
Montag	
Dienstag	1 h Dauerlauf
Mittwoch	
Donnerstag	45 min Dauerlauf
Freitag	
Samstag	1000-m-Geschwindigkeitstest
Sonntag	30 min langsames Joggen
21. Woche: Heiße Sohlen	
Montag	
Dienstag	1 h Dauerlauf
Mittwoch	
Donnerstag	1 h Dauerlauf
Freitag	
Samstag	1:30 h Lauftraining
Sonntag	1:30 h Lauftraining
22. Woche: Der 25-km-Lauf	
Montag	
Dienstag	1 h Dauerlauf
Mittwoch	
Donnerstag	1 h Dauerlauf
Freitag	30 min langsames Joggen
Samstag	2:30 h Lauftraining (circa 25 km)
Sonntag	
23. Woche: Ausgebucht	
Montag	1 h Lauftraining
Dienstag	70 min Dauerlauf
Mittwoch	1 h Lauftraining
Donnerstag	70 min Dauerlauf
Freitag	1 h Lauftraining
Samstag	1 h Dauerlauf
Sonntag	1 h Lauftraining
24. Woche: Marathonweiten und -zeiten	
Montag	
Dienstag	3 x 5 km Wettkampftempo
Mittwoch	1 h langsames Joggen
Donnerstag	1 h Dauerlauf
Freitag	1 h langsames Joggen
Samstag	3:00 h Lauftraining (circa 30 km)
Sonntag	

25. Woche: Die Ruhe vor dem Sturm	
Montag	30 min langsames Joggen
Dienstag	1 h Dauerlauf
Mittwoch	
Donnerstag	1 h Lauftraining
Freitag	
Samstag	2 h Dauerlauf
Sonntag	1 h Lauftraining
26. Woche: Der Wettkampf	
Montag	
Dienstag	1:30 h langsames Joggen
Mittwoch	1 h Dauerlauf
Donnerstag	30 min Dauerlauf
Freitag	
Samstag	30 min langsames Joggen
Sonntag	Marathonlauf (42 km in circa 4:00 h)

Literatur

Ackermann, Diane: Die schöne Macht der Sinne. Verlag Kindler, München, 1991

Birkenbihl, Michael: Train the Trainer. Verlag Moderne Industrie, Landsberg am Lech, 8. Auflage 1990

de Bono, Edward: Das Sechsfarben-Denken. Verlag Econ, Düsseldorf, 1987

de Bono, Edward: I am right You are wrong. Penguin Books, New York – USA, 1991

Frank, Philipp: Einstein – Sein Leben und seine Zeit. Verlag Paul List, München, Leipzig und Freiburg i. Br., 1949

Geisselhart, Roland R.: Das perfekte Gedächtnis. Verlag Orell-Füssli, Zürich und Wiesbaden, 1989

Hoffman, Heinz: Kreativitätstechniken für Manager. Verlag Moderne Industrie, Landsberg am Lech, 2. Auflage 1987

Kotler, Philip: Marketing Management. C. E. Poeschel Verlag, Stuttgart, 4. Auflage 1989

Mackay, Harvey: Swim with the sharks without being eaten alive. Ivy Books, New York – USA, 1988

von Oech, Roger: A Whack on the Side of the Head. Warner Books Inc., New York – USA, 1991

Skola-Team: Fit zum Führen. Verlag Orell-Füssli, Zürich und Wiesbaden, 1991

Steffny, Manfred: Marathontraining. Verlag H. Schmidt, Mainz, 8. Auflage 1989

Vester, Frederic: Denken, Lernen, Vergessen. Verlag DTV, München, 14. Auflage 1977